U0112101

大展好書　好書大展
品嘗好書　冠群可期

大展好書　好書大展

品嘗好書　冠群可期

體育教材：16

軟式棒壘球教程

（樂樂棒球）

王祥茂　徐佶
陳小敏　陳文　主編

大展出版社有限公司

編委會

顧　問：李高潮

主　編：王祥茂　　徐　佶　　陳小敏　　陳　文

副主編：楊偉超　　王思入

編委（以姓氏筆劃為序）：

丁建敏	中山大學新華學院教師
王思入	無錫市棒壘球協會常務副秘書長
王祥茂	廣州體育學院副教授、碩導
李高潮	中國棒球協會副主席
何勇宏	惠州市惠東縣高級中學教師
徐　佶	廣州體育學院教授、博導
陳　文	廣州體育學院講師
陳小敏	廣州體育學院副教授、碩導
楊偉超	廣州越秀區鐵四小學教師
劉紅軍	廣東體育職業技術學院教師
樊曉東	中山市東升鎮高級中學教師
蘇日光	廣州天河體育中心棒球高級教練
羅凱鋒	惠州市仲愷高新區仲愷中學教師

第一主編者王祥茂簡介

　　王祥茂，1961年11月12日出生於海南省海口市，1984年畢業於廣州體育學院。副教授、碩導和棒球隊主教練。主要研究方向：棒球、壘球運動訓練和體育教學理論與實踐、休閒棒壘球應用、專項體能方法等。從事棒壘球教學、訓練、競賽和科研等工作30餘年。現兼任中國大學生體育協會棒壘球分會副秘書長、廣東省學生體育藝術聯合會棒壘球協會秘書長、廣東省棒壘球協會教練委員會副主任等，是美國棒球教練協會會員。

　　近十年來率領廣州體育學院棒球隊參加全國大學生棒球聯賽總決賽（專業體院組）榮獲8次總冠軍、華南賽5次冠軍、省級賽7次冠軍，共計20次冠軍。曾赴香港特別行政區、日本、澳洲、美國、加拿大等地講學、培訓、比賽、考察學習等。曾作為中國青年棒球隊教練員赴澳洲參加亞洲青年棒球錦標賽和作為國家教練組成員赴日本參加棒球培訓。在國家級《體育科學》期刊、全國中文體育類核心期刊、美國體育科學雜誌和省級刊物等發表論文30餘篇。曾主持省部級、廳級等科研課題和主編社會體育指導員《國家職業標準棒球》培訓教材和國家試題庫等。獨撰《現代棒球》、主編《軟式棒壘球教程》和主編《慢性病的運動康復指南》等專著、教材及參考書7部。

內容提要

　　軟式棒壘球（樂樂棒球）運動是我國新開展的時尚球類項目，其運動過程清新健康、充滿活力；活動形式多樣，內容豐富多彩；教法靈活，吸引力強，教育性、人文性和鍛鍊價值高。其特點是潮流前衛，講究智慧美、技藝美、形象美和文明高雅。能培養和突顯人的進取、智慧、精準、技藝和健康的人格特質。學生接觸此項運動後往往愛不釋手。

　　軟式棒壘球運動場地器材簡便，規則易學，安全性高，適合在校園普及和推廣。目前中國已有2000餘所中小學開展此項運動，發展前景廣闊。

　　本教程共十章。透過軟式棒壘球運動的人文歷史、發展現狀、運動特點、基本技術與戰術、基本玩法、禮節禮儀、鍛鍊價值、教育功能、場地與器材、遊玩規則、裁判站位與手勢口令、記錄方法、專用漢英術語、鍛鍊指南、教學法與熱身方法、考核標準與評價、易犯錯誤及其糾正方法、素質拓展、目標規劃與教學設計等論述，打開軟式棒壘球新知識之窗，拓展新的時尚運動視角。

　　本教程通俗易懂，圖文並茂，時尚新穎且時代感較強。學生可邊學邊練，即學即懂。在遊玩中享受軟式棒壘球運動的樂趣和魅力。經常參加此項運動可全面提高學生的綜合素質和身心健康水準，為學生養成終身鍛鍊習慣打下良好基礎。

　　本書是中國校園軟式棒壘球特色項目適用教材，適合各類型的大學、大專職院、中職技校的公選課、選項課、選修課、專項課等師生使用，也適合中小學棒壘球特色課、國際班、社會俱樂部、社區鄉村興趣班、戶外訓練營、素質拓展培訓班和愛好者等學習參考。

序 言

在棒壘球要回歸 2020 年奧運大家庭之際，欣聞我國校園《軟式棒壘球教程》特色教材即將付梓，悉之欣然，特有感而序。

棒壘球運動根植中國和本土化發展有百年的歷史，文化底蘊較深厚，發展前景廣闊。此項運動能培養和突顯人的進取、智慧、精準、技藝和健康的人格，是育人、文明和綜合技能高度融合的時尚球類體育項目。棒壘球在國際上是重要的競技項目，影響力較大，美國職業棒球現場觀賽球迷的數量位居世界職業運動前茅。

軟式棒壘球在棒壘球發達的國家和地區是入門級的運動，在美國有 70 多年文化歷史。此項運動規則易學，場地器材簡便，安全性高，容易推廣，作為團隊參與又極具遊戲性和趣味性，十分適合廣大的少年兒童參與。目前中國校園軟式棒壘球的普及率和影響力不斷擴大，為推廣普及校園軟式棒壘球運動，促進全民健身深入開展，迎接 2020 年棒壘球專案回歸奧林匹克大家庭，貫徹落實「國務院關於加快發展體育產業促進體育消費的若干意見」和適應「中國棒球產業中長期發展規劃」等的需要。

作者王祥茂副教授經過八年艱辛耕耘、九易其稿和與團隊多年的實踐摸索，於 2015 年 12 月份完成了中國首部校園軟式棒壘球特色教材初稿，可喜可賀，其毅力和精神值得敬佩！本教程內容詳實，圖文並茂，通俗易懂，有較強的時代感和前瞻性，有較

好的國際視角和新理念;注重人文性、實效性、特色性、目標性和規範性,尤其在內容編排、技術圖例、教學法、目標規劃、教學設計、效果評價、人才培養規格、素質拓展、中外文化差異等方面有獨到建樹。

本教程在編寫過程中做了一些創新性的嘗試,對我國中、小學軟式棒壘球啟蒙教育、基礎教學、課餘訓練和高校軟式棒壘球課程的人才培養目標、規格有指導意義,也有利於促進學校體育課程多元化發展和滿足學生體育多樣化心理需求。同時,在拓展學生國際視野、培養學生體育特長與終身養成體育鍛鍊習慣、促進學生中西方思想交流與認識文化差異、培養我國校園軟式棒壘球師資隊伍與社會體育骨幹、豐富全民健身路徑等方面具有社會價值和理論指導意義。

棒壘球運動過程清新健康、氣氛熱烈、充滿活力;教學方式多樣,練習內容豐富,教法靈活。作者在棒壘球基層從事教學、訓練、競賽和科研等工作30餘年,重視教學與訓練、理論和實踐、科研與創新等的結合。我相信《軟式棒壘球教程》特色教材的出版,對促進我國棒壘球運動的普及提高、提升青少年學生健康水準、構建中國校園體育特色課程多元化體系、傳播棒壘球人文思想等方面將起到積極推動作用。希望本教程的出版能給廣大校園棒壘球教育工作者、社會體育指導員和愛好者提供更多的理論指導和實踐參考。也希望本教程的撰編特點、內容特色和專業風格能得到同仁的肯定與鼓勵。

中國棒球協會副主席　李高朋

編寫說明

　　校園棒壘球運動根植我國已有百餘年的歷史，文化底蘊較深厚。19世紀末美國等西方國家的傳教士就在我國教會學校傳播棒球運動。

　　我國棒球之父、鐵路工程專家、鐵路工程的先驅詹天佑，於1873—1881年赴美留學期間就組建了首支中華棒球隊；中國近代偉大的民主革命家孫中山先生於1911年曾在湖南長沙組建棒球會；2007年，時任國務院總理的溫家寶多次透過棒球活動促進國際間的交流。可見，我國棒壘球活動源遠流長，而且與歷史名人有關聯。因此，新時期創編我國校園軟式棒壘球特色教材，是傳承和弘揚我國校園棒壘球運動文化的重要載體，也是為棒壘球要回歸2020年奧運大家庭而編寫。

　　本教程對促進新時期學校體育教學改革，落實政府關於「增進青少年身心健康、體魄強健、立德樹人」的精神要求和貫徹黨的教育方針、三個面向、樹立健康第一指導思想，強化學校體育課和課外鍛鍊，實現學生德智體美全面發展、個性突出、掌握運動技能、養成終生鍛鍊好習慣具有積極意義和實踐作用，也是落實國家教育部提出要創新體育活動內容，增強體育課程教學吸引力、特色性和實效性的重要平臺。

　　棒壘球運動是國際主流體育項目，國際間體育交流合作較廣泛。因此，在我國學校推廣普及軟式棒壘球運動，對開拓師生國

際視野、促進中外文化交流、追求文明健康生活方式、實現學校體育課程現代化、國際化具有重要意義。

2007年起，廣州體育學院棒壘球副教授王祥茂碩導對軟式棒壘球運動進行了理論研究和實踐推廣，主持了《我國樂樂棒球運動休閒體育展示新模式研究》重大科研課題並於2008年首次在廣州國際休閒體育研討會上演示了軟式棒壘球項目，受到與會專家學者的好評。

本教程編寫者的分工為：廣州體育學院教授徐佶博導負責教程框架設計和第一章的第二節和第五節；

廣州市越秀區鐵四小學楊偉超一級教師負責第一章第一節、第四節和第八章第二節的部分考核測試等內容；

廣州體育學院副教授王祥茂碩導負責第二章到第八章、第九章第三節等內容；

廣州體育學院陳文講師負責第五章第一節、第二節和第六章第二節、第三節及中外軟式棒壘球比賽規則與場地器材異同等內容；

廣東體育職業技術學院劉紅軍助教負責第六章第一節等內容；

廣州體育學院副教授陳小敏碩導負責第九章第一節、第二節和第三節中的棒壘球記錄通則、記錄方法案例等內容；

無錫市棒壘球協會常務副秘書長王思入教師負責第九章第三節中的部分內容和附一；

中山大學新華學院丁建敏助教負責第十章第一節、第二節等內容；

廣州天河體育中心蘇日光棒球高級教練負責軟式棒壘球比賽

規則初校;

惠州市惠東縣高級中學何勇宏教師負責第十章第三節等內容;

惠州市仲愷高新區仲愷中學羅凱鋒教師負責第十章第二節部分內容;

中山市東升鎮高級中學樊曉東教師負責第十章第三節部分內容。

全書的統稿、定稿和技術拍攝設計、技術動作造型和圖片處理等由王祥茂負責。

本教程在撰寫過程中,借鑒與引用了廣州體育學院、廣州白雲握山小學、廣州越秀鐵四小學的棒球學生教練和廣州粵體棒球會部分學員的相關技術、考核測試資料和國內外網站專家發佈的部分相關成果,編寫組在此一併表示衷心的感謝。

撰寫軟式棒壘球教程是一項創新性工作,我們的嘗試限於水準,其內容不足之處懇請各位同仁提出寶貴意見,我們將在軟式棒壘球運動教學實踐中不斷調整和完善。

編寫組

目　錄

第一部分　概述篇

第二部分 技戰術篇

第三部分　教學法篇

第四部分　規則裁判篇

第五部分　素質拓展篇

第六部分　目標規劃篇

第七部分　課餘篇

第一部分
概述篇

第一章　基本知識

【學習提要】

　　瞭解軟式棒壘球運動的起源和人文歷史，認識軟式棒壘球運動特點、鍛鍊價值、教育功能、禮儀禮節、場地器材規格和基本玩法；瞭解有關國家或地區軟式棒壘球場地器材及規則的異同，理解軟式棒壘球運動是「技能、智慧和育人」的高度融合且對培養學生德、智、體、美全面發展與個性塑造、健康人格、適應社會有積極意義；善於欣賞軟式棒壘球運動的魅力。瞭解本章內容對後續學習可奠定良好基礎。

第一節　軟式棒壘球運動的起源與發展

　　軟式棒壘球運動是在規定的場地範圍內，由兩隊各出 9 名隊員並在教練員指導下，按照規則在 1 名或 1 名以上裁判員的裁決下使用球棒揮擊 TEE 座（擊球架）上的球進行比賽或遊玩的球類集體運動項目。

　　軟式棒壘球運動可拓展為多種玩法，既可強身育智和休閒娛樂，也可進行各類競賽和遊戲，使課堂教學氣氛熱烈，充滿活力。它作為競技棒壘球的入門運動和啟蒙教育，傳承了棒壘球運動的進取精神、團隊合作、智慧技藝、時尚前衛和綜合素質，延續了棒壘球的教育功能和身心鍛鍊價值，突顯了棒壘球運動的趣

味性、遊戲性和挑戰性等；同時，小學階段軟式棒壘球取消投手投球，防止手臂受傷，將擊打高速飛行的硬球改為擊打放置在球座上的軟球，降低了擊球的難度和提高了安全性，並簡化了規則和縮小了場地，大幅度地提高了課堂教學的運動負荷、趣味性和娛樂性，激發了學生的學習熱情和課堂教學氣氛。學生參與性、實效性和廣泛度明顯提高。相信軟式棒壘球運動定會較快地成為前景廣闊、男女老幼皆宜的大眾健身育智的運動項目。

一、軟式棒壘球運動的淵源

軟式棒壘球在國際上的官方英文名為「Tee ball」，中國譯為「T座棒球」，台灣譯為「樂樂安全棒球」，簡稱「樂樂棒球」。軟式棒壘球運動起源於20世紀大約40年代的美國「T座棒球」，已有70餘年的歷史。由美國的霍布斯博士（Hobbs）發明，並於1970在美國進行了官方註冊。1958年美國成立了首個Tee ball棒球聯盟，隨後加拿大等國家也成立了Tee ball棒球組織。

二、國際軟式棒壘球運動發展簡況

現代棒球是國際主流體育項目，人文底蘊深厚，是世界體育文明典範之一，尤其在美國、加拿大、日本、韓國、臺灣、古巴、墨西哥、委內瑞拉等國家或地區盛行。大洋洲、歐洲、非洲和中國、中國香港等國家或地區棒壘球運動呈現良好發展勢頭。目前國際棒球聯合會和國際壘球聯合會分別約有140個會員單位，全球有213個國家或地區有棒壘球組織及協會。世界上有近30個國家或地區將棒球列為第一運動或全民運動。

　　1966年美國棒球大聯盟在臺灣首次推介Tee ball軟式棒壘球遊戲活動。1970年美國舉辦了首屆世界Tee ball賽事。20世紀80年代開始，時任美國總統的羅奈爾得‧雷根和布希常在白宮主持Tee ball比賽。日本、韓國和臺灣Tee ball協會分別於1993年、1996年和2003年成立。1998年臺灣開展全臺地區校園Tee ball活動，2001年將Tee ball稱為「樂樂棒球」，其英文譯名為「Happy Ball」。2004年臺灣舉辦了首屆Tee ball總決賽。2010年8月，首屆亞洲Tee ball錦標賽在日本東京西武巨蛋棒球場舉行，共有日本、韓國、臺灣等32支球隊參加，世界本壘打王、旅日華裔棒球明星王貞治的恩師荒川博（日本Tee ball協會副會長）到場助興。 國際Tee ball組織還經常舉辦世界性賽事。美國、加拿大、日本、韓國、臺灣等國家或地區每年都舉辦Tee ball比賽（圖1-1—圖1-6）。

　　1980年澳洲和紐西蘭借鑒Tee ball運動作為壘球初級的入門遊戲，向6歲至12歲的小學生推廣。目前Tee ball在世界的傳播

圖1-1　美國每年都舉行Tee　ball比賽
（來源：美國Tee ball網站）

有四大主流區域：一是北美區的美國、加拿大和墨西哥；二是亞洲區的日本、韓國、中國、臺灣、菲律賓等；三是大洋洲的澳洲和紐西蘭；四是加勒比海地區和南美區的古巴、波多黎各、委內瑞拉等。

　　據報導，近幾年以英國為中心的歐洲國家，將Tee ball作為

圖1-2　時任美國總統的布希出席Tee ball開球儀式

（來源：美國Tee ball網站）

圖1-3　　　　　圖1-4　加拿大Tee ball比賽，男女同場競賽
加拿大女孩在擊球

（來源：美國Tee ball網站）

圖1-5	圖1-6
台灣職棒球員表演樂樂棒球	首屆亞洲Tee ball賽在日本舉行

（來源：美國Tee ball網站）

板球、飛鏢的入門運動，受到大眾廣泛歡迎與喜愛。

　　推廣軟式棒壘球運動是普及全球棒壘球運動的重要載體，也是世界各地棒壘球協會重要的啟蒙教育手段。雖然國際棒聯和國際壘聯對Tee ball進行了初步規範，但Tee ball軟式棒壘球在全球範圍內仍存在一定差異。如世界性比賽、美國和加拿大等Tee ball比賽使用的器材有合金球棒、專用的Tee ball棒球、戴手套、護具和頭盔等。臺灣比賽使用軟棒和軟球，防守不戴手套等。編者經過多年探討和實踐，認為國內開展軟式棒壘球運動使用較高端的PU軟球、PU軟棒（幼兒和小學生可使用遊戲性較強的普通海綿軟棒、軟球）和戴手套，對中小年級學生課堂教學過程的流暢性、趣味性、實效性和從小培養正確的接傳球動作以及跨年級技術銜接、適應高水準競賽活動和國際交流合作等具有積極作用。

三、中國軟式棒壘球運動沿革

　　中國校園開展棒壘球活動已有百餘年歷史。1840年鴉片戰爭以後，歐美國家大量派遣傳教士到中國各地建立教會，同時也帶來了棒球。中國最早的棒球活動始見於1871年的美國基督教會美

以美會蒙學館（現為北京匯文中學）等教會學校。我國棒球之父是我國鐵路工程專家、我國鐵路工程的先驅詹天佑，他於1873—1881年赴美留學期間組建了首支中華棒球隊；我國近代偉大的民主革命家孫中山先生於1911年曾在湖南長沙組建了棒球會，透過棒球技能提高士兵軍事素養。

壘球運動是在20世紀初傳入中國，1915年在上海舉行的遠東運動會上，菲律賓女子壘球隊做了表演。舊中國全國運動會曾多次設立棒壘球比賽項目。

軟式棒壘球運動是新設的極易推廣的全民健身體育項目。中國壘球協會為更好地推廣普及壘球運動，於2006年引入「軟式壘球」運動，英文名稱為「Tee ball」，是借鑒美國入門級棒球運動Tee ball的玩法演變而來。2009年首屆中國軟式壘球錦標賽暨

圖1-7　2007年溫家寶總理多次透過棒球活動促進國際間的交流與合作
（來源：百度網站）

夏令營活動在北京舉辦，由中國壘球協會、中國教育學會等共同主辦。為進一步提升項目影響力並為中國棒壘球事業的發展奠定更為廣泛的基礎，經國家體育總局手曲棒壘球運動管理中心研究決定，自2014年6月1日起將軟式壘球更名為「軟式棒壘球」。

2007年，時任國務院總理的溫家寶（圖1-7）多次透過棒球活動促進國際間的交流與合作。

目前，中國有2000多所中小學、150多所高校開展棒壘球運動。每年與美國、加拿大、日本、韓國、臺灣、香港特別行政區等國家或地區的校園棒壘球活動交流頻繁，這對促進體育文化交流、開拓師生國際視野有極大裨益。尤其2020年棒壘球項目要回

▲圖1-8　2007年廣州體院首次
　　　　　推廣軟式棒球運動

◀圖1-9　在鄉村田野享愛軟式棒壘
　　　　　球親子活動
　　　　（來源:百度網站）

歸奧運大家庭，展望未來，我國校園、社區、公園和鄉村田野等開展軟式棒壘球運動的前景廣闊，是社會大眾、青少年學生和中老年人全民健身、增強體質的好平臺，值得大力推廣和普及（圖1-8—圖1-12）。

◀圖1-10　2008年知名體育老專家在廣州體院國際體閒體育現象體驗軟式棒球

圖1-11　2015年社區中老年參與軟式棒壘球休閒活動

圖1-12　2009年美國棒球大聯盟成員在都江堰指導軟式棒球運動

（來源：百度網站）

第二節 軟式棒壘球運動的特點、 鍛鍊價值與教育功能

一、軟式棒壘球運動的特點

第一，軟式棒壘球運動是「技能、智慧和育人」的完美結合，集跑、傳、接、投、擊、禮等多種素質於一身（圖1-13），對學生及青少年身心健康、智力開發、靈敏協調、判斷反應和臨場應變有極大裨益。因此，軟式棒壘球運動極具田徑特色、軍事色彩和充滿智慧的特點，與人類的基本生存技能緊密相連。

圖1-13 軟式棒壘球運動集跑、傳、接、投、擊、禮等多種素質於一身

第二，軟式棒壘球的活動現場氣氛熱烈、清新健康並充滿活力。遊戲性、趣味性和刺激性強，可增進人與人之間的和諧和情感。

第三，軟式棒壘球運動易學易懂易玩，學會後愛不釋手。由於簡化了競技棒壘球的比賽規則，使用軟棒和軟球，因此運動規則簡單易學，可邊學邊用，單人、雙人和小組練習皆可。玩的過程安全性高，風險幾乎為零。因此，軟式棒壘球運動在校園、社

會極易推廣和普及。

　　第四，男女老幼皆宜（圖1-14）。只要身心健康（含部分特殊人群）均可參與。目前世界特殊奧運會設有男子壘球競賽項目。

圖1-14　男女老幼均可參與軟式棒壘球活動

　　第五，軟式棒壘球運動的場地和器材要求不高，只要有40公尺×40公尺的平地就可開展，使用的器具成本也低。因此，軟式棒球運動極適合在運動場、校園、社區、公園、廣場、室內、戶外和鄉村田野等處開展。

二、軟式棒壘球運動的鍛鍊價值

(一)全面提高身體素質

　　經常參加軟式棒壘球活動，可全面提高學生的跑（速度）、

跳（彈跳力）、傳投（爆發力）、接（反應、判斷）、擊（準確性）和靈敏（移動）、協調（全身）、空間感（視覺位覺）等身體素質與多種技能，改善視力水準，還能保持良好的體形、體態。

(二)提高智力水準

軟式棒壘球運動屬智慧型的球類集體項目，活動過程中鬥智鬥勇，能培養和提高謀略與臨場應變能力，促進人的大腦正常發育和提高智力水準。

(三)改善生理機能

軟式棒壘球運動對改善和提高神經系統、心血管系統、呼吸系統等有較大幫助。軟式棒壘球屬戶外運動，人的機體是在享受大自然賦予的陽光、藍天、空氣中和諧活動，對身體健康、生理機能有天然的幫助。

(四)緩解學習、工作壓力，提高心理健康水準和 社會適應能力

由於軟式棒壘球運動趣味性和遊戲性強，運動過程中有張有弛，活動強度可大可小，能緩解學習、工作和生活等所帶來的壓力，改善心理狀態、消除心理疲勞、愉悅心情，增進人與人之間的情誼和體驗運動團隊的快樂，從而提高人的交往能力和社會適應能力。

三、軟式棒壘球運動的教育功能

(一)講究禮節、品德和文明自律

在軟式棒壘球運動或競賽時要尊重對手、尊重裁判、尊重觀眾和同伴。參與者每次上場擊球前都要向裁判員敬禮（圖1-15），雙方在賽前、賽後都要列隊握手致敬（圖1-16），賽後還要向觀眾鞠躬敬禮和向球場致敬等。因此，軟式棒壘球運動對參與者的人格塑造與培養有極大裨益。

圖1-15　擊球前向裁判員敬禮

圖1-16　賽前、賽後雙方握手致敬

(二)培養學生執行力、肯於犧牲奉獻和進取拼搏的精神

軟式棒壘球運動與其他大部分運動項目的主要區別是教練員或球隊代表必須上場指揮和發出戰術暗號指導比賽。為了戰術的需

要,隊員有時要「犧牲」自己而送隊友進壘或得分。比賽中隊員必須依靠自己的努力依次跑一壘、衝二壘、奪三壘和搶本壘回到家才能得1分,這對塑造學生積極進取和拼搏向上的精神有極大幫助。

(三)團隊精神和個人表現完美結合

軟式棒壘球運動的攻守,都非常講究團隊和小組配合。進攻時是1人上場擊球,面對9人防守。特別是壘上有進攻隊員時,既要講究團隊配合,又要有突出的個人表現和挑戰潛能。

(四)培養學生德、智、體、美的優質教育平臺

軟式棒壘球運動既講究品德美、智慧美、素質美和技藝美,又強調形象美、時尚美。棒壘球服飾時尚前衛,參與者穿上棒壘球服,戴上球帽和拿起手套、球棒陽光帥氣,精神抖擻。可見,軟式棒壘球運動是新時期優質教育的載體,是落實政府的教育方針、三個面向的重要途徑,符合全面教育多元化發展趨勢。

第三節 軟式棒壘球運動的場地與器材

軟式棒壘球運動的場地簡便,只要一塊平地(面積40公尺×40公尺)就可開展,在田徑場或運動場的四個角設立軟式棒壘球運動場地,可供約100名學生活動。軟式棒壘球運動器材簡單且價廉、安全時尚。為了更好地推廣軟式棒壘球運動,應該瞭解中外軟式棒壘球文化差異,加強對外交流合作,開拓學生視野。

本節除了簡介中國軟式棒壘球場地與器材的基本規定外,也介紹了與臺灣、亞洲國家和美國、加拿大軟式棒壘球場地器材的

部分異同點。

一、中國軟式棒壘球場地與器材簡介

(一)場　地

中國軟式棒壘球場地基本規格如圖1-17所示。

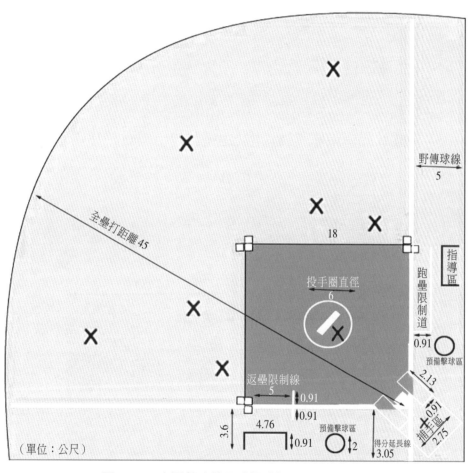

圖1-17　中國軟式棒壘球場地規格（中學組）

（注：王祥茂繪製）

中國軟式棒壘球場地尺寸如表1-1所示。

表1-1　中國軟式棒壘球場地尺寸（單位：公尺）

年級組	壘距	投球距離	全壘打	野傳球距離	備註
小學1-2年級	13	9.2	30	5	投手在投手位置或內外野均可
小學3-6年級	15	10.6	40	5	投手在投手位置或內外野均可
中學組	18	12.7	45	5	投手在投手位置或內外野均可
大學組及以上	18.29 或27.43	12.9 或18.44	55	5	本教程編者增加

(二)器 材

1.壘 墊

中國軟式棒壘球運動L形雙色壘墊規格如圖1-18所示。

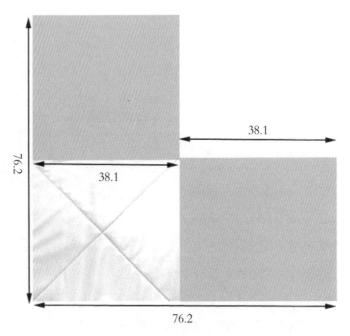

圖1-18　L形雙色壘墊規格（單位：公尺）

壘墊要求如下：

（1）**本壘板**

本壘板須用橡膠板製成，呈五邊形（圖1-19），面對投手一邊為43.2公分（17英寸），兩邊長為21.6公分（8.5英寸），面對接手的兩條斜邊長為30.5公分（12英寸）。

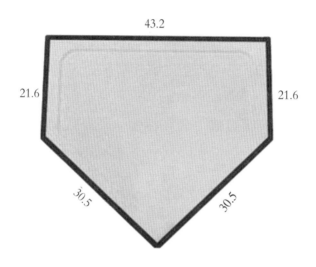

圖1-19　本壘板（單位：公分）

（2）**壘包**

壘包除本壘外，其他壘均為38.1公分（15英寸）正方形構成的L形雙色（白色和黃色）壘包，厚度不超12.7公分（5英寸），用帆布或其他適當材料製成。壘包要釘牢在地上。

（3）**雙色壘包規則**

一般情況下防守隊員踩白色壘包，跑壘員踩黃色壘包。連續進壘時，跑壘員可踩白色壘包。球擊至外野，外野手回傳至內野進行封殺或觸殺時，防守員可踩外側黃色壘包，跑壘員踩白色壘包，避免碰撞。

2. 球 棒

球棒應使用協會認可的塑膠製安全球棒。球棒規格由協會另行規定。

3. 比賽球

比賽球應使用協會認可的塑膠製安全軟式棒壘球。其規格由協會另行規定。

4. 擊球座

擊球座用橡膠製成。底座大小和形狀與本壘板相同。

5. 手 套

軟式棒壘球防守設戴手套和徒手兩種。如使用手套，其規格由協會另行規定。

(三)比賽服飾、球帽和鞋

同隊隊員必須穿著同樣的棒壘球服飾，球衣號碼數字小於100，尺寸須大於7公分×15公分。比賽時以戴球帽為宜。比賽鞋不得有金屬釘球鞋，可穿運動膠釘鞋。

(四)裁判員服裝

由協會統一定製。

二、臺灣樂樂棒球場地與器材簡介

(一)場 地

臺灣樂樂棒球場地規格如圖1–20所示。目前臺灣的樂樂棒球場地器材規格要求也沒有完全統一，僅供參考。

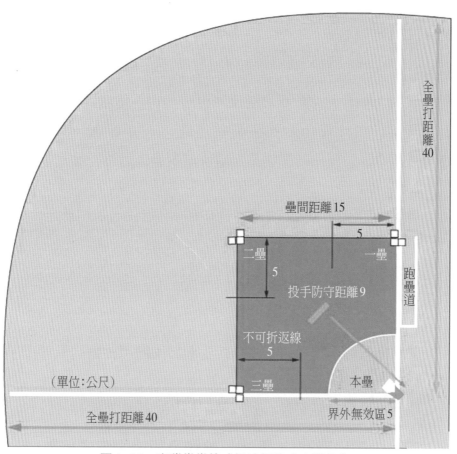

圖1-20　臺灣樂樂棒球場地規格（中學組）

（來源：臺灣樂樂棒球協會，百度網站）

臺灣樂樂棒球場地尺寸如表1-2所示。僅供參考。

表1-2　臺灣樂樂棒球場地尺寸（單位：公尺）

年級組	壘距	投距	全壘打	界外距離	備註
幼兒園組	12	7	30	5	採用投球製或擊球座球均適用
小學組	15	9	40	5	採用投球製或擊球座球均適用
中學組以上	18	11	50	5	採用投球製或擊球座球均適用

　　注：一、二、三壘有雙色壘包或L形三片雙色壘墊。一般進攻方踩橘紅壘包，守方踩白壘包。

(二)器 材

1. 壘 包

一至三壘由正方形38公分×38公分的白色與橘紅色的橡膠雙壘墊或L形三片雙色的橡膠壘墊組成（一片白色、二片橘紅色）。本壘板由雙色的橡膠壘墊組成或本壘板有得分延長線等。

2. 球 棒

小學組球棒長70公分，外包PU泡綿，底部有防甩底座。

3. 棒 球

棒球為橘黃色PU發泡球，球的周長27.94公分（11英寸），直徑8.8公分，重70克。

4. 擊球座

擊球座為橡膠製，白色本壘板上面裝兩節可伸縮的黑管。

5. 球 鞋

球鞋不可穿金屬釘鞋，只能穿一般球鞋或細膠釘鞋。

三、中國與亞洲*、臺灣、美國及加拿大軟式棒壘球　部分場地器材的異同

中國與亞洲組織、臺灣、美國及加拿大協會軟式棒壘球部分場地器材的異同情況如表1-3所示。

亞洲*：指亞洲Tee ball協會組織的賽事。

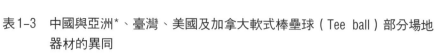

表1-3　中國與亞洲*、臺灣、美國及加拿大軟式棒壘球（Tee ball）部分場地器材的異同

中國	亞洲*	台灣	美國及加拿大
1.防守隊員徒手與使用手套兩種方式。	1.防守隊員使用手套。	1.徒手防守為主。	1.戴手套（最大12英寸），戴頭盔護具。
2.壘墊為三片L形雙色壘包（本壘除外）。	2.各壘均為雙色壘包。	2.L形三片雙色壘包，二紅一白。本壘為雙壘雙色。	2.棒球壘包和一壘雙壘包。
3.比賽球由協會規定。	3.棒球的重量150克，直徑約9公分。	3.PU球，重70克，直徑8.8公分（小學用）。	3.Tball軟皮棒球9～9.5英寸（小學組）。
4.比賽棒由協會規定。	4.橡膠棒68～83公分，重量430～590克，直徑5.5～5.9公分。	4.小學棒70公分，或與亞洲比賽同。	4.Tball軟式鋁合金棒。
5.野傳球距離5公尺。	5.野傳球距離8公尺。	5.同中國大陸。	5.同亞洲賽事。
6.指導區為長方形。	6.指導區為圓形。	6.同亞洲賽事。	6.同競技棒球。
7.進攻隊員不戴頭盔，捕手不穿護具。	7.進攻隊員不戴頭盔，捕手不穿護具。	7.進攻者不戴頭盔，捕手不穿護具。	7.進攻者戴頭盔，捕手穿護具。
8.擊球座在本壘。	8.擊球座在本壘後方0.5～1公尺範圍。	8.同中國大陸或同亞洲賽事。	8.同中國大陸。
9.距本壘界內5公尺，不設無效區。	9.同臺灣。	9.距本壘界內5公尺設無效區。	9.同臺灣。
10.擊球區畫法同競技壘球	10.擊球區為界外半徑3公尺的圓形	10.同亞洲賽事或競技棒球	10.同競技棒球

　　注：此表是根據中國壘球協會、亞洲Tee ball協會、臺灣樂樂棒球、美國和加拿大Tee ball協會、百度等網站的資料整理而成，如有最新規定，應以最新的為準。

亞洲*：指亞洲Tee ball協會組織的賽事。

四、各類軟式棒壘球器材簡介

　　軟式棒壘球運動器具簡便且成本低，安全性高，極易在校園推廣。目前國內外使用的軟式棒壘球器材各種各樣，其重量、長度、周長、製作材料和彈性度等尚未完全統一。除了兒少學生使用安全軟球和安全軟棒進行教學外，高校大學生或運動隊可根據課程教學訓練實際情況和對外交流需要，選擇硬式或軟式合金球棒、木棒、硬式或軟皮棒球等器材（如圖1-21～圖1-43）。

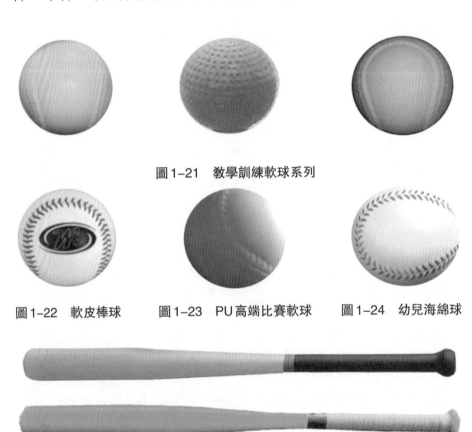

圖1-21　教學訓練軟球系列

圖1-22　軟皮棒球　　　圖1-23　PU高端比賽軟球　　　圖1-24　幼兒海綿球

圖1-25　高端PU比賽軟棒

圖1-26　幼兒海綿棒

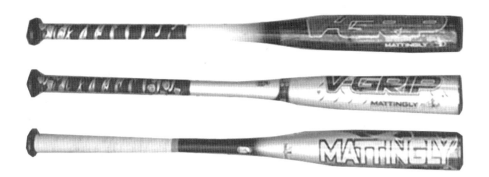

圖1-27　美式Tee　ball鋁合金棒

圖1-28　大學生可使用的木棒、金屬棒

圖1-29　兒少軟皮手套

圖1-30　牛皮手套

圖1-31　擊球頭盔

圖1-32　專業PU擊球T座

圖1-33　普通橡膠擊球T座

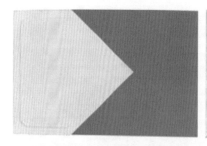

圖1-34　本壘雙壘包，臺灣用

圖1-35　一、二、三壘的雙壘包，亞洲賽事和臺灣用

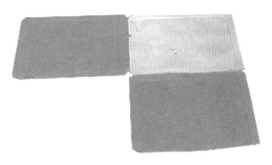

圖1–36 L形三片雙色壘墊

圖1–37 白色單壘包

圖1–38 專業棒壘球帽

圖1–39 膠釘棒壘球鞋

圖1–40 棒壘球比賽制服

圖1–41 棒壘球比賽制服

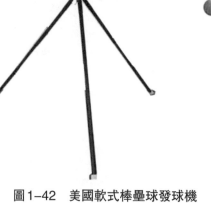

圖1-42　美國軟式棒壘球發球機　　　圖1-43　青少年軟式棒壘球發球機

第四節　軟式棒壘球運動的基本玩法

　　軟式棒壘球運動內容豐富多彩，形式多樣，趣味性、遊戲性和娛樂性強。

　　遊戲方法和練習內容均可根據場地、環境、參與人數和年齡等情況靈活掌握，如2人的傳接球或對網拋擊、1人的對牆傳接轉換、3人的接力傳接、4人的壘間傳接、6～12人的擊球、內野或全場的教練棒練習等。

　　軟式棒壘球運動按玩法特點可分為擲球跑壘、揮臂擊球、自拋自擊、擊T座、拋擊和投擊6種。接球方式分為用手套接球和徒手接球兩種，後者須使用安全軟球（幼兒組）。本教程重點論述使用PU軟棒擊T座上PU軟球和使用手套接傳球的基本玩法。

　　中國軟式棒壘球運動的基本玩法：在規定的直角扇形場地範

圍內，參賽兩隊各出9名隊員（或根據賽會比賽規程規定的人數），在教師或教練員指導下由1名或1名以上裁判員執裁情況下進行比賽。

比賽中，進攻隊擊球員依次在擊球區內用球棒擊T座上的球後跑向1壘，若能逆時針依次踏過一、二、三壘並安全穿越得分線則得1分；防守隊隊員通過高飛球接殺、封殺（持球踩壘）和觸殺等手段使進攻隊的擊球員或擊跑員或跑壘員出局。

9名進攻隊的隊員依次完成擊球任務後或進攻隊隊員有3人被判出局，則兩隊交換攻防，即進攻隊改為防守隊，防守隊則改為進攻隊。兩隊進攻和防守各1次為一局（兩隊的進攻和防守是截然分開的）。比賽在規定的輪次、局數或時間內結束後，以得分多的隊為勝方。兩隊遊戲或比賽的目的是爭取得分多於對方隊而取得比賽勝利。

進攻隊9名隊員依擊球順序輪流擊球，直到9名隊員完成擊球任務或三人出局才輪換到防守。在擊球區用棒擊球的隊員稱擊球員，擊出球後跑向一壘的稱為擊跑員，擊跑員安全進入1壘後即成為跑壘員。防守隊9名隊員按其防守位置及職責有規律地分佈在場地內防守。防守位置名稱為投手（自由人）、捕手、一壘手、二壘手、三壘手、游擊手、左外野手、中外野手、右外野手。

正式比賽需1～4名裁判員，其中1名為主裁判，其餘裁判員為司壘裁判。主裁判位於捕手身後或側面。

根據玩法特點和班級人數情況，兩隊可各出10～12人上場比賽，男女可同場遊玩。

第五節　軟式棒壘球運動的禮節禮儀

軟式棒壘球運動的禮節禮儀頗有講究。

例如，比賽過程中擊球員擊球時或投手起動投球時，要保持賽場安靜，不要故意大聲干擾。

無論哪方擊出本壘打都要為球員的精彩表現鼓掌致敬；擊球員進箱擊球前須向裁判員敬禮（圖1-44）；雙方比賽前後須列隊握手致意和鞠躬（圖1-45）；比賽結束時向對手、工作人員、觀眾、場地鞠躬致敬。

圖1-44　擊球員向裁判員敬禮

圖1-45　雙方賽前、賽後鞠躬致敬

　　比賽過程中須尊重對手、尊重隊友、尊重觀眾和裁判員。教練員講話時全隊須脫帽聆聽（圖1-46）。

圖1-46　教練員講話時隊員須脫帽聆聽

比賽過程中，隊友要列隊在旁加油鼓勵（圖1-47）。

全隊要嚴守隊規、活動規矩和時間。

練習者參加活動須穿統一的棒球服和戴棒球帽。

熱身活動須統一出聲和精神抖擻。因此，參與軟式棒壘球運動對培養良好的公民素質具有積極意義。

圖1-47　比賽過程中，隊友要列隊在旁加油鼓勵

第二部分
技戰術篇

第二章　基本技術

【學習提要】

　　軟式棒壘球運動的基本技術有防守和進攻兩大類。在學習基本技術前，須瞭解防守和進攻的術語概念和定義，較好地掌握防守基本技術中的握球、傳球、拋球、接球、各位置防守技術和封殺技術，以及進攻基本技術中的握棒、站位、擊球、跑壘、離壘、回壘等技術。防守是減少本方失分和爭取比賽勝利的重要手段。在日常教學中，教師需透過多球練習打防守教練棒，提高學生防守技能。進攻是棒壘球比賽得分的唯一手段，尤其擊球最具趣味性、挑戰性，最能獲得滿足感，如擊出全壘打，全場將歡呼雀躍使你獲得全隊擊掌祝賀。

　　學會防守和進攻基本技術的練習方法、掌握效果評價、易犯錯誤及其糾正的方法。掌握本章內容可為以後學習攻防戰術和配合等奠定良好基礎，並初步學會自我評價方法。

第一節　防守技術

　　防守技術是指防守隊員阻止進攻隊員進壘或得分而採用的行為，其基本技術有球的握法、傳球、接球、防守位置技術、壘上步法技術：傳球主要有肩上傳球和拋球等技術；接球主要有接滾地球、接高飛球、接平飛球、接一彈球等技術；防守位置技術主

要有投手、捕手、內野手、外野手等技術；壘上步法主要有壘上封殺步法（單封殺）、壘上雙殺步法等技術。小學階段的投手不採用投球技術，以防止投手手臂受傷。

防守技術組織結構如圖2-1所示。

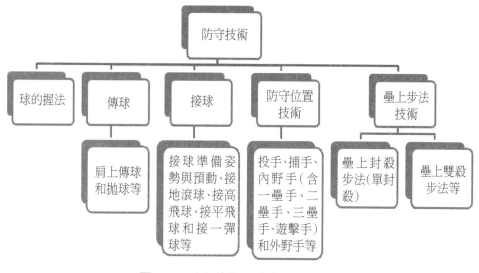

圖2-1 防守技術組織結構示意

學習防守技術時，有必要先瞭解以下術語的概念和定義。

● 傳球：

防守隊員向同伴擲球的行為，或者說防守隊員將球傳向既定目標的防守行為稱為傳球。常用的傳球方式是肩上傳球。

● 接球：

防守隊員接擊球員擊出的球和接同伴傳來的球的行為稱為接球。常用的接球技術有接滾地球、接高飛球、接平直球等。

● 拋球：

防守隊員採用低手前擺方式將球拋向同伴的行為稱為拋球。常用的拋球方式是下手拋球。

• **投手**：

站在投手位置防守的隊員稱為投手。中國軟式棒壘球比賽的投手是自由人，可在內野或外野位置防守。

• **捕手**：

位於擊球架（T座）後方防守的隊員稱為捕手。

• **內野手（內場手）**：

在內野各位置進行防守的隊員統稱為內野手。內野手有6名隊員，分別稱為投手、捕手、一壘手、二壘手、三壘手和游擊手。軟式棒壘球教學可根據學生參與人數增加1～2名內野手。

• **外野手（外場手）**：

在外野各位置進行防守的隊員統稱為外野手。外野手有3名隊員，分別稱為左外野手、中外野手、右外野手。軟式棒壘球教學可根據學生人數增加1～2名外野手。

• **守隊或守隊隊員**：

在場上進行防守的隊和所有隊員稱為守隊或守隊隊員。

• **接殺**：

防守隊員將擊球員擊出的騰空球在落地之前合法接住並判擊球員出局的行為稱為接殺。這種攻守局面稱為接殺出局。

• **封殺**：

防守隊員將擊球員擊出的滾地球傳給在壘位防守的同伴接球踩壘，使擊跑員或跑壘員出局的防守行為稱為封殺，這種攻守局面稱為封殺出局。封殺出局有單封殺、雙殺和三殺出局等。

• **雙殺**：

防守隊員使攻隊2名隊員連續出局的防守行為稱為雙殺。雙殺有雙封殺和封觸雙殺兩種局面。

● 雙封殺：

防守隊員將擊球員擊出的滾地球傳給在壘位防守的同伴接球踩壘並再傳給另一名同伴接球踩壘，使攻隊2名隊員（擊跑員與跑壘員或2名跑壘員）連續出局的雙殺稱為雙封殺。

● 封觸雙殺：

防守隊員先採用封殺攻隊隊員，再用觸殺方式造成2名攻隊隊員出局的雙殺行為稱為封觸雙殺。

● 滾地球：

擊球員擊出在地面滾動或彈跳的球稱為滾地球。

● 高飛球：

擊球員擊出有一定弧度的、未觸及地面而飛行的球稱為高飛球。

● 平直球：

擊球員擊出較強勁、平飛和未觸及地面而飛行的球稱為平直球。

下面介紹防守技術要領和做法。

一、傳　球

● 球的握法：

以右傳者握直徑約9公分的球（球的周長約11英寸）為例。以下同，不另。

● 動作要領：

中指、食指和無名指握在球上方，三指略分開（間距約同拇指寬）。其餘手指自然彎曲置於球的一側。球與虎口之間留出空隙（約一指之距）。

● 注意點：

握球鬆緊度要適當。太緊則手腕僵硬，不易鞭打出手；太鬆則球易滑脫。中指、食指和無名指（三個指關節內）要貼住球面（圖2-2～圖2-4）。

圖2-2　三指握在球上方

圖2-3　拇指、小指在球兩側下方

圖2-4　球與虎口之間留出空隙

傳球有肩上傳球、下手拋球。

(一)肩上傳球

肩上傳球的特點是以肩為固定點，用力順序為肩、肘、腕、

手指，最後為中指。用力的動作自然，不易受傷。

　　球的運行軌跡基本為直線。球的旋轉較穩定，同伴易接住。符合中、遠距離的傳殺。

　　● 動作要領：

　　左手接到球後，右腳向前墊步，使右腳、左腳和左肩對準傳球方向，重心移向右腳。同時右手馬上取球，右臂後擺，左臂自然彎曲於左身側。左腳向傳球方向伸踏，使左腳落點處在傳球目標和右腳之間構成的連線上。左腳內側一著地，右腳馬上蹬地、轉腰，形成肩→肘→腕→手指依次發力，鞭打出手。球出手前肘部與肩同高。這時重心由右腿過渡到左腿，右手臂垂直地面隨擺，左手的手套貼在左胸處。

　　● 肩上傳球連續動作：

　　如圖2-5～圖2-9所示。

圖2-5　雙手接球

圖2-6　接球後向前墊步

圖2-7　重心在右腳，左肩左腳對準接球人

圖2-8　球出手時手臂稍直

圖2-9　球出手後，手臂
隨擺垂直於地面

(二)下手拋球

適用於近距離（約5公尺）的傳球。以掌根前推拋球。動作簡練，球速適中，球路穩定易接。

● 動作要領：

接到球後，順勢向目標跑動幾步，兩手馬上分開，右手臂引球於體側。右手前擺用掌根將球拋出，同時右腿在前指向拋向的目標。球出手時不要屈腕和勾指。

● 拋球技術：

下手拋球技術如圖2-10所示。

二、接　球

接球和傳球是防守技術的統一體，兩者互相依存。接球是防

圖2-10　右腳順勢指向接球者時拋球

守隊員處理擊出和傳出的球，阻止擊跑員或跑壘員上壘、進壘或得分，以及進行局部或全場戰術配合必不可少的技術。

　　接球的基本技術一般由接球準備姿勢、手套接球位置、接球手法、接球步法和重心等組成。

　　● 選好防守位置：

　　守方接球前根據擊球者的技術水準、站位、局面和比分等情況，先選好自己的防守位置。兩眼注視擊球員，兩腳左右開立，左腳在前，右腳稍在後，兩腳開立比肩稍寬。兩腿半蹲，兩膝稍內扣，重心稍低，兩手張開於膝側。

　　● 適時預動：

　　擊球員準備起動揮棒時，防守隊員的身體要向前移動幾步，做好接球準備姿勢（內野手重心要低，外場手重心稍高）和球中棒前的提前預動，如圖2-11和圖2-12所示。

圖2-11　內場接球準備姿勢　　　圖2-12　球中棒前要提前預動

下面介紹幾種接球技術。

(一)接滾地球

接滾地球是接各類球動作中較難掌握的技術。由於受到場地環境、球的彈性等因素影響，擊出的滾地球其反彈規律往往較難掌握，對練習者的技術、反應能力等有較大的挑戰性。因此，練習者要經常練習接各種球性的滾地球，以提高接球能力。練習中要注意接球點、手法和步法。

● 接球點：

接球位置是以自己的左右腳和接球點來設定三角形。以左右腳連結線為底線，約在三角形的頂點位置接球，且接球點與眼睛應在一條垂直線上。

● 手法：

手套五指朝前，指尖觸地，兩掌根相靠，右手張開準備護

球。接球前瞬間兩手主動前伸接球（以利後收緩衝），接球同時右手要蓋球、緩衝和取球，同時兩肘稍內收，不宜外展。

● 步法：

接滾地球前兩腳要跨在球前進路線的兩側，間距比肩稍寬。先定軸心腳（右腳），後定伸踏腳，兩膝關節彎曲90°並稍外展，稍提臀，重心壓在兩腳掌上。胸部靠近大腿。右腳向外與來球方向約成45°，左腳向外約呈30°，右腳尖與左腳跟約成一條直線。

● 接滾地球和彈跳球動作示例：

接滾地球和彈跳球動作如圖2-13～圖2-16所示。

（二）接高飛球

一般情況下擊出的高飛球受場地環境影響較小，球路較穩定，比接其他球種容易。教師多打高飛球教練棒給學生接，學生接高飛球能力會提高較快。

接高飛球時，注意接球點、手法和步法。

圖2-13　跪接地滾球，右手護球

圖2-14　半蹲接地滾球

圖2-15　後退接反彈地球

圖2-16　左腳前搶點接反彈球

● 接球點：

弧度大的來球，接球點在左額前方；弧度小的來球，在胸前接；若受太陽光線影響，可用手套遮住陽光（圖2-17），用鼻子對準球，並用眼睛觀察球路和落點。

● 手法：

手指朝上，雙手拇指相靠，右手護球。接球前瞬間兩手要主動前伸迎球接。接球同時右手要翻腕護球並緩衝和取球。接高飛球方法如圖2-18所示。

圖2-17　用手套遮住陽光，用鼻子對準球

● 步法：

　　當擊球員擊出高飛球時，先做小步跑找球，然後全速衝向落點。有時間的情況下，在離落點2～3步處等球，然後加速向前兩三步來接球（利用身體慣性），以利將球傳得更遠和更準，尤其傳本壘一跳球。一般採用三步接傳球步法（重要技術），即接球時左腳在前，然後右腳向前墊步，左腳向著傳球的方向伸踏並以後腳用力蹬地、轉髖轉腰和使身體騰空將球平傳出手。

圖2-18
雙手接高飛球

　　外野手接高飛球傳本壘連續動作（三步接傳球）如圖2-19～圖2-26所示。

圖2-19　在接球點後約2公尺處準備前衝接球

圖2-20　左腳在前接球

圖2-21　右腳快速前交叉

圖2-22　左腳快速前跨

圖2-23　分手距離要大，左、左
肩腳對準本壘

圖2-24　後腳用力向後蹬，轉髖、
轉腰平傳

圖2-25　利用身體騰空前衝的慣性
傳本壘

圖2-26　出球後右腳落地支撐和眼盯本壘

(三)接平飛球

　　擊球員擊出的平飛球一般速度較快，來球方向有正面的也有左右兩側的。接這種球時需要身手敏捷、反應快，對練習者是一種心理挑戰。

　　● 動作要領：

　　當正面來球時，身體要保持好接球姿勢，思想要高度集中。雙手接球瞬間要及時緩衝，不能直接接住時須將球擋在身前使其落地後再撿起來傳殺。如來球在右側，則要運用反手接法。

圖2-27　降重心接平飛球

圖2-28　反手接球時，右腳前掌須先向右轉
和向右轉體

● 接平飛球動作：

如圖2-27所示。反手接球動作如圖2-28所示。

三、防守位置技術

(一)投 手

軟式棒壘球運動投手（小學階段不投球）的首要任務是接好擊向投手位置附近的來球，接球後做好傳殺各壘的準備或球擊出安打後做好補壘、接力和攔截等防守行為。投手離擊球員最近，防守時思想要高度集中。通常選反應果斷、手腳靈活和協調性較好的選手擔任投手。

投手傳接球位置技術與本章第一節傳接球技術基本相同。

投手接反彈球動作案例如圖2-29所示。

圖2-29　投手接反彈球動作

(二)捕　手

　　捕手的位置在擊球員後方，面向全場，是唯一縱觀全域的防守隊員，要有支配、調動、指揮和堅守本壘的意識及鼓勵全隊的能力且意志堅強，能吃苦耐勞和有良好的記憶力；掌握好接球封殺本壘、堵球和自我保護等技巧。通常選能吃苦、意志力和記憶力較強、指揮調動能力佳和視野較廣的選手擔任捕手。

　　捕手傳接球的位置技術與本章第一節傳接球技術基本相同。

　　捕手堵球技術和封殺本壘後，面向場內傳殺案例如圖2-30和圖2-31所示。

圖2-30　捕手單腿跪接堵球　　　圖2-31　捕手封殺本壘後傳球

(三)一壘手

一壘手先選好防守位置，一般在界內離一壘位置約3～5公尺處站位，可根據局面、擊球員站位和左打或右打等情況調整防守距離。通常選身材較高、接球能力強、步法靈活的選手擔任。

軟式棒壘球比賽，守方要使擊球員出局，除了擊球員打出騰空球被接殺出局外，只能採用封殺技術，不能採用觸殺方式。

1.動作要領

採用兩腳分開半蹲和兩手自然在體側做好接球準備姿勢。擊球員起動揮棒前向前預動1～2步。回壘後在壘包前採用半蹲姿勢，面向傳球者做好接球封殺準備。右腳向後踩白色壘包和左腳前伸接球封殺擊跑員或跑壘員出局。根據回壘情況，也可以用右腳或左腳直接踩壘接殺。

根據來球方向和傳殺各壘距離等情況分別採用墊步傳、拋

圖2-32　接球準備姿勢：在壘包前，
　　　　面向傳球者，兩腳分開比肩
　　　　寬，稍半蹲

圖2-33　接正面來球前，右腳先向後
　　　　踩白色壘包，左腳前伸接球

球和接快速平直球、前衝接慢滾地球等技術傳殺跑者。根據局面情況，隨時做好與二壘手、投手交叉補位、回壘及傳二壘雙殺、接力和攔截等的準備。

　　回壘接球封殺跑者的準備姿勢如圖2-32所示。

2.接球封殺步法

（1）接正面來球的封殺步法

接正面來球的封殺步法如圖2-33所示。

（2）接左、右來球的封殺步法

採用側移動、交叉步等方法接左、右來球的封殺步法如圖

圖2-34　一壘手後交叉步接左邊來球

圖2-35　一壘手後交叉步接右邊來球

圖2-36　在左腳前跨接反彈球動作

圖2-37　接落點較遠或較近的反彈球
　　　　動作

2-34和圖2-35所示。

　　（3）**接反彈球的封殺步法**

　　接反彈球的封殺步法如圖2-36和圖2-37所示。

注：一壘手要腳踩白色壘包，不能踩橘紅色壘包，以防止與擊跑員相撞。擊跑員或跑壘員只能踩橘紅色壘包（如各壘是雙壘包，則跑壘員回壘可站在白色壘包上）。

圖2-38　反手接右邊較遠的來球封殺步法

（4）反手接右邊來球的封殺步法

反手接右邊較遠的來球封殺步法如圖2-38所示。

擊跑員須踩一壘線外橘紅色壘包（防止與一壘手相撞）如圖2-39所示。

(四)二壘手

二壘手先選好防守位置，一般在一壘墊和二壘墊之間的中部附近站位，可根據局面、擊球員站位和左打或右打等情況調整防守距離。

圖2-39　擊跑員踩一壘線外橘紅色壘包

通常選頭腦清醒、補壘意識強、腳步移動快的選手擔任。

1.動作要領

採用兩腳分開半蹲和兩手自然在體側做好接球準備姿勢。在擊球員起動揮棒前向前預動1～2步。根據來球方向和傳殺各壘的距離等情況分別採用墊一步傳球、跪傳、拋球或接騰空球等技術傳殺、接殺跑者。根據局面情況,隨時做好補一壘封殺、回二壘雙殺、接力和攔截等的準備。

二壘手接正面滾地球,跪傳二壘封殺一壘跑壘員動作如圖2-40所示。

圖2-40 二壘手接正面地滾球,跪左膝右轉體傳二壘封殺動作

2.接球封殺步法(單封殺)

二壘手接球封殺步法可參見上述的一壘手封殺步法。

(五)三壘手

三壘手先選好防守位置,一般在界內離三壘位置約3～5公尺

處站位，可根據局面、擊球員站位和左打或右打等情況調整防守距離。通常選反應果斷、手腳靈活、傳球能力較強的選手擔任。

1. 動作要領

採用兩腳分開半蹲和兩手自然在體側做好接球準備姿勢。在擊球員起動揮棒前向前預動1～2步。根據來球方向和傳殺各壘距離等情況分別採用墊步傳球、拋球或接快速平直球、反手接球、前衝接慢滾地球等技術傳殺跑者。

根據局面情況，隨時做好與游擊手及投手交叉補位、回三壘封殺及傳二壘雙殺、接力和攔截等的準備。

2. 接球封殺步法（單封殺）

三壘手接球封殺步法可參見上述的一壘手封殺步法。

(六)游擊手

游擊手先選好防守位置，一般在二壘墊和三壘墊之間的中部附近站位，可根據局面、擊球員站位和左打或右打等情況調整防守位置和距離。通常選頭腦清醒、腳步移動範圍較廣、補壘意識較強和傳球能力較好的選手擔任。

1. 動作要領

採用兩腳分開半蹲和兩手自然在體側做好接球準備姿勢。擊球員起動揮棒前向前預動1～2步。根據來球方向和傳殺各壘距離等情況分別採用墊步傳球、跪傳或拋球等技術傳殺跑者。

根據局面情況，隨時做好回二壘、補三壘與雙殺、接力和攔截等的準備。

游擊手接滾地球墊步傳二壘，封殺一壘跑壘員如圖2-41～圖2-43所示。

圖2-41　游擊手接正面地滾球動作

圖2-42　接球後快速分手看二壘　　　圖2-43　快速傳球給二壘

2.接球封殺步法（單封殺）

游擊手接球封殺步法可參見上述的一壘手封殺步法。

(七)外野手

外野手有3名，通常分為左外野手、中外野手和右外野手。

外野手先選好防守位置。3名外野手分別在界內外場區域的左側、中部、右側站位，可根據局面、擊球員站位和左打或右打

等情況調整防守位置和距離。通常選空間判斷能力較強、視野寬廣、腳步移動範圍大、傳球能力和忍耐力較強的選手擔任。

1.動作要領

採用兩腳分開半蹲（重心比內野手稍高）和兩手自然在體側做好接球準備姿勢。在擊球員起動揮棒前向前預動幾步。在騰空球落點後幾步前衝接球，可利用身體前移慣性傳出距離較遠的球。

根據來球高度、弧度、方向、落點和傳殺各壘距離等情況分別採用跪接傳球、墊步傳球（尤其三步接傳球封殺本壘的一跳球）、前衝單手接球和接騰空球等技術傳殺、接殺跑者。根據來球、局面等情況，做好補漏、補位、補壘和指揮傳殺等的準備。

2.外野手傳接球位置技術（三步接傳球）

外野手三步傳接球位置技術可參見本章第一節的圖2-18～圖2-25。

四、壘上單封殺步法

壘上單封殺步法與本章一壘手接球封殺步法相同，可參見圖2-32～圖2-38。

五、壘上雙殺步法

壘上雙殺（雙封殺）的局面通常是一壘有跑壘員，當進攻方擊出滾地球時，防守方為迅速傳殺一壘跑壘員和使擊跑員出局而採用的技術。二壘手和游擊手運用雙殺技術最多。

雙殺步法技術要多練，活學活用。尤其還要學會躲避跑壘員的技術，以防止相撞。一、二壘有跑壘者或滿壘有人時可靈活運

用此雙殺步法技術。

● 動作要領：

一壘有跑壘員而擊球員擊出滾地球時，二壘手或游擊手要快速進二壘（在壘包後方或前方等待來球），面向傳球者和採用半蹲姿勢做好接球封殺準備。接球的同時，左腳踩壘封殺一壘跑壘員後，向前墊步迅速傳一壘再封殺擊跑員。如進壘時間較緊，可採用靈活方式，即接球的同時用腳踩壘和將球快速傳向一壘。

下面重點介紹二壘手或游擊手在二壘上的雙殺步法技術。

(一)向前三步的雙殺步法技術（右腳踩壘法）

在二壘後方等接，採用向前三步雙殺步法技術，如圖2-44～圖2-49所示。

圖2-44　在二壘後方預
　　　　動等待接球

圖2-45　接球同時右腳（或左腳）
　　　　向前踩壘封殺

圖2-46　分手，左腳和左肩對
　　　　準一壘方向

圖2-47　快速平傳一壘封殺擊跑員

圖2-48　球出手騰空向左轉體躲避
　　　　跑壘員

圖2-49　右腳落地向左轉體，避開跑
　　　　壘員

(二)向後三步的雙殺步法（左腳踩壘法）

在二壘後方接球和左腳踩壘，並採用向後三步的雙殺步法技術，如圖2-50和圖2-51所示。

圖2-50　二壘手左腳踩壘接球

圖2-51　向後或向左側退步，避開向左進壘的跑壘員

(三)其他的雙殺步法技術

在進壘時間較緊的情形下，可採用隨機雙殺步法技術，即邊進壘、邊接球和邊踩壘，採用左腳或右腳踩壘封殺均可。接球封殺後迅速傳球給一壘。

1. 來球偏右的隨機雙殺步法技術

來球偏右時隨機雙殺步法技術（採用前跨步或交叉步均可）

如圖2-52所示。

2.來球偏左的隨機雙殺步法技術

來球偏左時隨機雙殺步法（採用側移步或交叉步均可）如圖2-53所示。

圖2-52
前跨右腿接球封殺後，
快速向左轉體傳一壘

圖2-53
來球偏左時，身體重心
快速左移用右腳踩壘

第二節　進攻技術

　　進攻技術是指進攻隊員為進壘或得分而採用的進攻動作。進攻的基本技術主要有擊球、跑壘、離壘和回壘。軟式棒壘球的進攻技術比競技棒球簡單得多，如擊T座上的固定球，則不能採用各種觸擊、夾殺、撲壘和無牽制球等。

　　進攻技術組織結構示意如圖2-54所示。

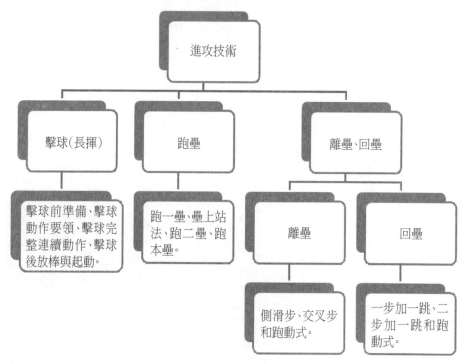

圖2-54　進攻技術組織結構示意

　　學習進攻技術時，有必要先瞭解以下術語的概念和定義。

　　●擊球：

　　擊球員採用特定的或符合人體運動力學特點的揮棒動作稱為

擊球。

● **擊球員：**

在擊球區內擊球的進攻隊隊員稱為擊球員。

● **擊跑員：**

擊球員完成擊球任務後向一壘跑進的進攻隊隊員稱為擊跑員。

● **跑壘員：**

正在進壘、離壘或回壘的進攻隊隊員稱為跑壘員；擊球員完成擊球任務安全到達一壘後的進攻隊隊員也稱為跑壘員。

● **擊球區：**

擊球員擊球時站立的區域稱為擊球區。

● **壘位：**

跑壘員為得分而必須按逆時針方向順序踏觸位於內場四個角的位置稱為壘位。我國軟式棒壘球的一、二、三壘位通常放置三片L形雙色的帆布壘包或橡膠墊作為標誌。

● **跑壘指導員：**

穿著與隊員同樣的運動服裝，站在一、三壘外跑壘指導區內指導擊球員擊球和跑壘員跑壘的同隊成員稱為跑壘指導員。

● **擊球次序：**

進攻隊按上場隊員名單順序依次擊球稱為擊球次序。

● **盜壘：**

跑壘員在擊球員擊中球瞬間試圖主動進佔下一壘位的行為稱為盜壘。軟式棒壘球比賽中的盜壘（主動性或預動性盜壘）和競技棒壘球比賽中的盜壘時機有區別。

下面介紹擊球、跑壘、離壘與回壘等進攻技術的要領和做法。

一、擊球（長揮）

軟式棒壘球運動的擊球是進攻得分、打亂對方防守陣勢和取得比賽勝利的重要手段。擊球過程新鮮刺激、挑戰性強且氣氛熱烈。因此，擊球是最突顯個人進攻能力和潛能的重要技能。

擊球包括擊球前的準備、擊球動作要領、擊球連續動作、放棒與起動。

(一)擊球前的準備

擊球前的準備包括選棒和握棒方法、持棒位置、持棒角度、擊球點、揮棒軌跡、雙腳站位和站法等內容。

1.選棒和握棒方法

● 選棒：

首先要選擇符合自己體型、體質和技術特點的球棒，以利揮擊自如。

要選擇品質好的 PU 材質球棒（幼兒和小學生可選擇普通泡綿球棒），球棒的長度、重量和重心等也要考慮。如圖 2-55 所示，拿棒者手中最左邊的棒和最右邊的棒是小學生使用的普通海綿棒，右邊第 2 支是高端 PU 耐打的橡膠棒，適合小學生及以上者使用；左邊第 2 支棒是大學生使用的木棒。

圖2-55　選擇球棒

● 握棒方法：

　持棒者將球棒立放在地上（棒頭觸地），張開兩手，手掌相對，以食指根觸棒。再彎曲四指將棒握住，拇指壓在食指上，使兩手第二指關節成一條直線。舉棒之前，右打者左手在上，右手在下，兩手靠攏，如圖2-56～圖2-58所示。

圖2-56　棒柄放在兩手　　　圖2-57　自然合手握棒　　　圖2-58　兩手第二指關
　　　　食指根上　　　　　　　　　　　　　　　　　　　　　　節呈一條直線

2.持棒位置

　持棒位置大約與肩同高，右手持棒位置距離右肩約15公分（圖2-59）。

圖2-59　右手持棒位置距離右肩約15公分

3. 持棒角度

持棒角度有棒頭指向前方（圖2-60）、指向右後方（圖2-61）和指向背後（圖2-62）三種，球棒的角度約與地面水平呈45°。

4. 擊球點

在手臂幾乎伸直瞬間擊中T座上的球，擊球點與肚臍的連線垂直於髖部。中球前棒頭在握棒點後方，形成穩固三角形（圖2-63）。中球時棒頭在雙手握棒位置的前方（圖2-64）。

5. 揮棒軌跡

揮棒軌跡最好是下砍—平揮—上挑。下砍時不要後倒棒頭；平揮時棒軌與球在同一平面上；上挑的幅度因人而異。

圖2-60
棒頭指向前方

圖2-61
棒頭指向右後方

圖2-62
棒頭指向背後

圖2-63　中球前棒頭在握棒點
　　　　後方

圖2-64　手臂幾乎伸直瞬間擊中球

揮棒軌跡如圖2-65～圖2-69所示。

圖2-65
揮棒前準備

圖2-66
下砍揮棒

圖2-67
棒頭與球在同一平面

圖2-68　中球後平揮

圖2-69　翻腕收棒

6. 雙腳站位和站法

● 雙腳站位：

擊球員在擊球區的雙腳距離稍比肩寬。左腳腳尖通常與T座立柱在同一條直線上，離本壘板的近側邊緣約15～25公分。揮棒前，通常預揮動棒頭舔T座上的球，如距棒頭10～15公分處能舔到球，則雙腳站位基本正確。

● 雙腳站法：

雙腳站法是指擊球員兩腳的站立形式。通常有平行式站法、開放式站法和封閉式站法三種。平行式站法如圖2-70所示。

開放式站法（擊球時左腳向左側打開或擊球時提起打開左腳，以利拉打，擊出左側的球路）如圖2-71所示。封閉式站法（雙腳連線與本壘板近側交叉，以利推打，擊出右側的球路）如圖2-72所示。

圖2-70　平行式站法（雙腳連線與本壘板近側平行）　　圖2-71　開放式站法　　圖2-72　封閉式站法

(二)擊球動作要領

擊球員揮棒準備階段,兩腳自然開立與肩同寬或稍寬於肩。膝關節自然彎曲並稍內扣,重心落在兩腳的中間。兩眼盯住T座上的球,下頜貼住左肩。起動揮棒前身體重心稍後移。左腳向前伸踏和兩臂後引時開始揮棒,右腳蹬地、轉髖、轉腰、轉體和伸臂擊球。擊中球瞬間兩臂幾乎伸直,手掌平面與地面平行,手腕再前壓前推、翻腕平揮、收手臂,下頜貼住右肩和鬆右手放棒及起動跑壘。

(三)擊球連續動作

擊球連續動作如圖2-73所示。

圖2-73　擊球連續動作示意

(四)放棒與起動

擊球員放棒、起動如圖2-74～圖2-76所示。

圖2-74
放棒時先鬆右手

圖2-75
左手順勢將球棒扔在地上

圖2-76　放棒後右腳前跨起動迅速跑向一壘

二、跑　壘

跑壘是進攻隊員擊球上壘和上壘後爭取得分的基本技術。擊球員擊出球後要全速跑向一壘。跑一壘的完整過程由揮棒後的起動、起跑階段、壘間跑階段、衝刺階段、踏一壘、減速返回、漏球擇機進壘等部分組成。

當擊出安打或外場球時，要採用弧形跑法上一壘和進二壘準備。踩一壘時要踏線外橘紅色的壘墊。

下面介紹跑一壘、跑二壘和跑本壘的要領和方法。

(一)跑一壘

1.跑一壘動作要領

擊球員擊完球後，右腳先向一壘方向起動和前跨，左腳順勢

起跑。前面的幾步要步幅小而步頻快，身體前傾。途中跑要全速。踩一壘時（左腳或右腳均可）身體要前壓和外傾，衝過一壘後要減速和回壘。

2.擊球員擊出內野球直線跑向一壘

擊球員擊出內野球要直線跑向一壘（圖2-77），在跑壘道內跑壘（圖2-78）。擊跑員要踩一壘右側橘紅色壘包（圖2-79）。

圖2-77 擊球後直線跑向一壘

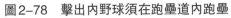

圖2-78 擊出內野球須在跑壘道內跑壘

圖2-79 擊跑員踩一壘右側橘紅色壘包

圖2-80　擊出一壘安打球時P形跑法　　　圖2-81　跑過一壘有三個方向

3. 擊球員擊出一壘安打球時，採用P形跑法跑過一壘

擊球員擊出一壘安打球時，要採用P形跑法跑過一壘（圖2-80）。跑壘員跑過一壘有三個方向（圖2-81），如擊出7號位置一壘安打球，要跑過一壘6公尺左右（面向二壘方向）。根據防守情況繼續上二壘或回一壘（圖2-82）。一壘手要提前留出壘位避讓跑壘員，不能影響跑壘員進壘。

擊球員擊出多壘安打球時，要採用P形跑法連續進壘。

(二)跑二壘

1. 在一壘上的站法

在一壘上的跑壘員站法有分腿半蹲站法（圖2-83）和站立式

圖2-82 根據安打情況繼續跑向二壘或回一壘

圖2-83
一壘跑壘員在一壘處的分腿半蹲站法，眼睛始終盯球

跑法（圖2-84），眼睛始終盯球。

2. 跑向二壘

當跑壘員在一壘上看到擊球員揮棒中球瞬間先離壘（離壘方法有側滑步、交叉步和跑動式）（圖2-85），如擊球員擊出滾地球或安打球，跑壘員須迅速轉體擺臂跑向二壘（圖2-86和圖2-87）和做好進三壘準備。

圖2-84　一壘跑壘員在一壘的站立跑法，眼睛始終盯球

圖2-85　當擊球員揮棒中球瞬間先離壘

圖2-86

擊出地滾球或安打球時快速轉體擺臂，直線跑向二壘

注：當擊球員擊中球的瞬間，壘上所有的跑壘員都要先離壘。如擊出高飛球被接住，跑壘員要儘快回壘（死球局面）；如擊出多壘安打球，跑壘員要採用P形跑法連續進壘。

圖2-87　快速跑向二壘

(三)衝本壘

三壘跑壘員站於線外側橘紅色壘包（圖2-88），眼盯擊球。
二出局前，當擊球員擊出內野離本壘較遠的界內滾地球或安打球
時，三壘跑壘員應全速衝向本壘（圖2-89），要踩到或衝過一壘
與本壘的反向延長線；如是二出局，無論擊出何種球，三壘跑壘
員都要快速衝本壘，爭取得分。

圖2-88　跑壘員在三壘時站法

圖2-89　全速衝向本壘

三、離壘與回壘

離壘、回壘是指擊球員將球擊出瞬間，壘上跑壘員的離壘以及離壘後的回壘。離壘動作有側滑步式、交叉步式、碎步式和跑動式；回壘動作有一步加一跳、二步加一跳和跑動式。跑壘員要始終盯緊擊球員揮棒效果和擊出的高飛球是否被接住。跑壘員無論在哪個壘，離、回壘過程都包括：單腳踏在壘上（圖2-90、圖2-91），眼盯擊球員的揮棒，球棒中球瞬間要離壘2～3公尺（圖2-92）；如擊出高飛球被接住，則要急停（圖2-93）和轉身回壘。

圖2-90　一壘跑壘員單腳踏在壘上的分腿半蹲　站法，眼睛始終盯球

圖2-91　一壘跑壘員單腳踏在壘上的分腿半蹲站法，
　　　　眼睛始終盯球

圖2-92　球棒中球瞬間，可採用交叉步離壘2～3公尺

圖2-93　當擊出的高飛球被接住時，則要急停
　　　　和轉身回壘

下面介紹離壘、回壘動作要領。

(一)離壘動作要領

單腳踏在壘上（有分腿半蹲式和站立式，左或右腳踏壘均可），眼盯擊球員，保持低重心。

當擊球員揮棒中球瞬間，後腳用力向前跑幾步和觀察擊球情況，在體側雙擺臂保持身體平衡。如擊出安打，繼續上壘；擊出高飛球被接住，則迅速回壘。

圖2-94　擊球員揮棒中球瞬間,跑壘員要先離壘幾步

(二)回壘動作要領

　　擊球員揮棒中球瞬間,跑壘員要先離壘幾步(圖2-94),身體保持半蹲姿勢和雙臂在體側保持身體平衡,眼睛始終盯球;如擊出高飛球被守場員接住或非封殺局面擊出滾地球需要回壘時,用右腳撐住地面急停(圖2-95),並以右腳蹬地迅速轉體面向壘包回壘(圖2-96)和站在壘上即可(死球局面);如接高飛球失誤或出現安打,跑壘員要快速進壘(圖2-97)。

圖2-95 如擊出高飛球或不能進壘則要以前腳急停

圖2-96 迅速轉體回壘

圖2-97　如擊出安打球快速轉腰擺臂，直線跑向下個壘

第三章　基本戰術

【學習提要】

　　軟式棒壘球運動的作用是強身益智，提高學生健康水準，豐富全民健身體系。其戰術體系有防守和進攻兩大類，比競技棒壘球簡單得多。學習戰術配合前，須瞭解防守和進攻術語的基本概念與定義，透過學習能將一些簡單的戰術組合、戰術配合用於競賽、遊戲活動，具備一定的戰術意識與涵養，並且學會防守和進攻基本戰術的練習方法、瞭解效果評價和易犯錯誤及其糾正的方法。另外，掌握本章內容可為以後參與競賽活動奠定良好基礎。

第一節　防守戰術

　　軟式棒壘球比賽中，防守隊員之間運用防守配合阻止進攻方隊員進壘或得分而採用的行為稱為防守戰術。防守戰術配合主要有站位原則、防守區域、單封殺、雙封殺、選殺、回壘、補壘、補位、補漏、接力、攔截、指揮等。棒壘球教師要重視局部戰術組合和全場戰術配合練習，不斷提高守場員之間的戰術意識，為比賽取勝奠定良好基礎。

　　防守戰術組織結構示意如圖3-1所示。

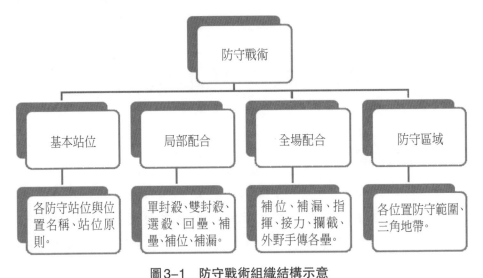

圖3-1　防守戰術組織結構示意

　　學習防守戰術時，必須先瞭解以下術語的概念和定義。

　　● 單封殺：

　　一個封殺造成的一人出局稱為「單封殺」。常用於各內野手接滾地球傳一壘封殺擊跑員。

　　● 雙封殺：

　　兩個封殺造成雙人出局稱為「雙封殺」。一、二壘雙封殺最常用。

　　● 選殺：

　　守場員在處理界內滾地球時，不傳殺擊跑員而傳殺前位跑壘員出局的防守行為稱為守場員選殺。

　　● 補壘：

　　守場員離開壘位防守而由相鄰的守場員進壘的行為稱為補壘。

　　● 補漏：

　　守場員防守來球而由相鄰的守場員在其後方補防的行為稱為

補漏。

- **接力：**

一般內野隊員接外野隊員回傳的球傳殺跑壘員或控制局面而採取的接力行為稱為接力。

- **攔截：**

一般內野隊員中途攔接外野隊員回傳的球選殺跑壘員或控制局面，防止跑壘員多進壘而採取的攔截行為稱為攔截。

- **防守區域：**

指場內各位置防守隊員的防守範圍。

- **防守三角地帶：**

指場內各位置之間共同守備的交叉防守區域。

- **防守站位調整：**

根據擊球員擊球特點、局面情況等採取站位移動、調整的防守行為稱為防守位置調整。

防守戰術主要有基本站位、局部配合、全場配合和防守區域。

一、基本站位

防守隊員在場內的站位（陣形）是指防守隊員在場上的合理位置排列和職責分工，它對全隊防守戰術運用的效果、戰術能力的發揮有重要作用。防守配合的站位基本原則是相鄰位置隊員左右不要站成平排，要保持一定的縱向；前後不要重疊，即不要站在一條直線上，要相應地錯開。這樣全隊9人就較均勻地分佈在場內，便於相互配合和前後呼應。

防守站位和陣形不是固定不變的，要根據進攻隊擊球員的特點、棒次、局面等情況合理地調整。

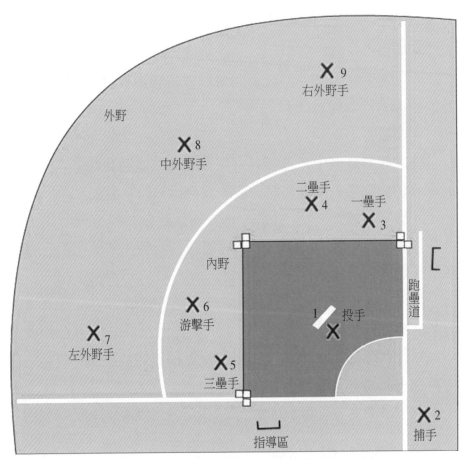

圖3-2　全場防守站位和位置名稱示意

（來源：臺灣樂樂棒球網站）

全場防守站位與位置名稱的對應關係為：投手，1號；捕手，2號；一壘手，3號；二壘手，4號；三壘手，5號；游擊手，6號；左外野手，7號；中外野手，8號；右外野手，9號。

全場防守站位和位置名稱如圖3-2所示。

下面分別介紹一壘手和二壘手、三壘手和游擊手、投手和捕手站位基本要求。

(一)一、二壘手站位基本要求

● 一壘手站位：

壘上無人時採用深防，離一壘邊線3～4公尺，在一壘包後方2～3公尺。壘上有人時，稍往前站位，採用中淺防守或近防。

● 二壘手站位：

基本在一、二壘線的中部附近站立，在一壘手後方。

一、二壘手防守基本站位如圖3-3所示。

圖3-3　一壘手和二壘手防守站位

(二)三壘手、游擊手站位基本要求

● 三壘手站位：

壘上無人時採用深防，離三壘邊線3～4公尺，在三壘包後方2～3公尺處（反手接球能接到邊線球的距離）；壘上有人時，稍往前站位，採用中淺防守或近防。

● 游擊手站位：

基本在二、三壘線的中部附近站立，在三壘手後方。三壘

圖3-4　三壘手和游擊手防守基本站位

手、游擊手防守基本站位如圖3-4所示。

(三)投手、捕手站位基本要求

● 投手站位：

投手的站位通常在投手位置附近。中國軟式棒壘球比賽規則規定，投手為自由人，在投手位置和內野、外野站位均可。

投手站位如圖3-5所示。

● 捕手站位：

在擊球員擊球完成之前，捕手的站位須在擊球區外。

捕手站位如圖3-6所示。

圖3-5　投手站位

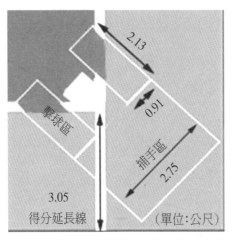

中國軟式棒壘球的捕手站位

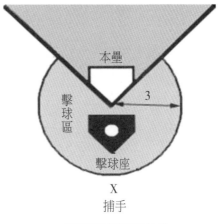

亞洲賽事捕手的站位

圖3-6 中國和亞洲賽事捕手站位的區別

（來源：王祥茂編製）

二、局部配合

(一)單封殺

呈現封殺局面，單封殺常用於各內野手接滾地球傳一壘封殺擊跑員出局或其他壘位跑壘員出局時。如壘上無人，擊球員擊出內野滾地球時，內野手接球後傳向一壘，一壘手接球踩一壘封殺或觸殺擊跑員出局（中國軟式棒壘球比賽規則允許採用觸殺方式）。

下面舉例介紹兩種情況：

第一種，壘上無人，擊出的滾地球滾向游擊手方向，游擊手傳一壘封殺擊跑員出局（圖3-7～圖3-10）。

圖3-7　游擊手在二壘附近接地滾球

圖3-8　快速墊步取球分手

圖3-9　快速傳向一壘手

圖3-10　一壘手跨步接球封殺

　　第二種，擊出三壘方向慢滾地球時，三壘手先向邊線前衝，接球後順勢傳向一壘封殺擊跑員（圖3-11～圖3-13）。

三壘

圖3-11　三壘手提前預動，接三壘方向慢地滾球的跑動路線

圖3-12 三壘手接前方或邊線慢速的地滾球動作

圖3-13 三壘手向一壘方向傳球和一壘手接球封殺擊跑員

(二)雙封殺

雙封殺常見於一、二壘的雙殺局面。如一壘有人，擊球員擊出內野滾地球，二壘手或游擊手進二壘接球踩壘封殺一壘跑壘員出局後，再快速傳向一壘封殺擊跑員，造成二人同時出局。依此

類推，如封殺局面呈現一、二壘或滿壘有人時均可採用雙殺戰術配合。

下面舉例介紹三種情況：

第一種，游擊手進二壘接球封殺跑壘員和再傳球一壘封殺擊跑員，造成二人出局（圖3-14～圖3-18）。

第二種，擊出二壘方向的正面滾地球，二壘手接球後跪傳給游擊手的雙殺配合（圖3-19～圖3-23）。

圖3-14　游擊手踩二壘封殺

圖3-15　游擊手墊步分手

圖3-16　游擊手快速傳一壘

圖3-17　游擊手傳球出手

圖3-18　一壘手踩壘封殺

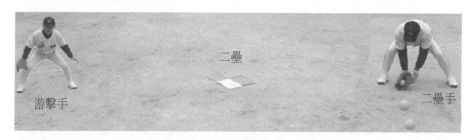

圖3-19　二壘手接正面地滾球

圖3-20　二壘手將球跪傳給進二壘的游擊手

圖3-21　游擊手踩二壘

圖3-22　游擊手墊步傳球

圖3-23　一壘手接球封殺

第三種，擊出游擊方向和靠近二壘的滾地球，游擊手接球後拋球給二壘手的雙殺配合（圖3-24～圖3-26）。

圖3-24　擊出游擊方向地滾球

圖3-25　游擊手接球後順勢跑向二壘，同時右腳指向二壘拋球給二壘手

三、全場配合

全場配合是指擊球員將球擊到外野區域較遠的安打球，需要二名外野手追球，其中一人接球，一人補漏和指揮傳球，同時內

圖3-26　二壘手踩壘接球封殺

野手接力，其他內野手回壘接球封殺或觸殺跑壘員（外野傳球者、中間接力者和回壘接球者務必形成一條直線）。通常捕手出聲指揮接力者的站位，投手迅速跑到三壘或本壘後面補漏，一壘手或三壘手攔截等。

　　擊球員將球擊成左外野的安打球時，游擊手跑向邊線接力和快速傳球給三壘手封殺進三壘的跑壘者（圖3-27）。

圖3-27　擊出左外野安打球，游擊手接力，三壘手回壘接球封殺跑壘者

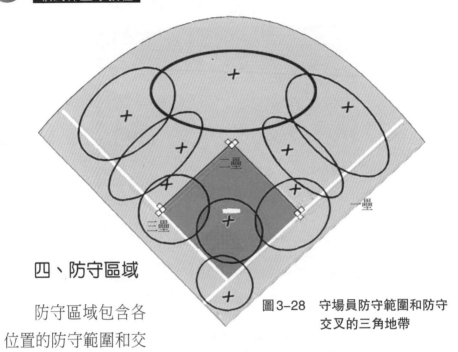

一壘

二壘

三壘

一壘

圖3-28　守場員防守範圍和防守
交叉的三角地帶

四、防守區域

防守區域包含各位置的防守範圍和交叉防守的三角地帶（圖3-28）。擊到三角地帶的高飛球，相鄰位置的守場員須互相提醒、出聲、護球和補漏等。

下面介紹各位置的防守區域（含防守範圍和三角地帶）。

(一)投　手

投手的防守區域通常在投手位置附近3～6公尺的範圍，注意防守與捕手、一壘手和三壘手交叉的三角地帶。一般左邊較偏的滾地球讓給游擊手接。投手可在內外野位置自由防守。

(二)捕　手

捕手的防守區域通常在捕手位置附近3～6公尺的範圍；在擊球員擊出球前須在捕手區內（見圖3-6）防守。注意防守與投手交叉的三角地帶高飛球。

(三)一壘手

一壘手的防守區域通常在一壘包附近3～6公尺範圍，注意防守與投手、二壘手交叉的三角地帶高飛球。

(四)二壘手

二壘手的防守區域通常在一、二壘之間的中部附近3～6公尺範圍，注意防守與投手、游擊手、一壘手交叉的三角地帶高飛球。

(五)三壘手

三壘手的防守區域通常在三壘包附近約3～6公尺範圍，注意防守與游擊手、投手交叉的三角地帶高飛球。

(六)游擊手

游擊手的防守區域通常在二、三壘之間的中部附近4～7公尺範圍，注意防守與投手、二壘手、三壘手交叉的三角地帶高飛球。

(七)左外野手

左外野手的防守區域通常在外野7號位附近8～10公尺範圍，注意防守與中外野手、游擊手交叉的三角地帶高飛球。

(八)中外野手

中外野手的防守區域通常在外野8號位附近10～15公尺範圍；注意防守與左外野手、右外野手交叉的三角地帶高飛球。

(九)右外野手

右外野手的防守區域通常在外野9號位附近8～10公尺範圍，注意防守與中外野手、二壘手交叉的三角地帶高飛球。

第二節　進攻戰術

進攻戰術是進攻隊員為進壘或得分而採用的進攻手段和配合的行為，有擊球戰術和跑壘戰術：擊球戰術主要有擊滾地球、擊方向球；跑壘戰術主要有一搶三、二搶本、三搶本、打跑（主動性的盜壘行為）和選殺跑等。我國軟式棒壘球比賽沒有盜壘戰術，但根據此項目特點可強化盜壘意識，爭取更多上壘和得分機會。

軟式棒壘球運動的進攻戰術考驗人的智慧、配合意識和進取精神。如何擊球和跑壘、是繼續進壘還是回壘，須根據守場員的傳接球能力、防守陣形、擊球方向、局面和比分等情況做出快速判斷。但與競技棒壘球相比，軟式棒壘球進攻戰術種類不多，較容易學習和掌握。

進攻戰術組織結構如圖3-29所示。

學習進攻戰術時，必須先瞭解以下術語的概念和定義。

● **擊滾地球：**

是進攻隊擊球員為爭取上壘或使壘上跑壘者多進壘或得分，造成對方防守失誤而有意識地採用下砍擊球方式擊出快速滾地球的進攻行為。擊滾地球是常用進攻戰術。

注：擊出全壘打展現自我是許多學生的追求，但棒壘球教師要因材施教，提醒學生不必每一棒都追求全壘打，要根據局面、

圖3-29　進攻戰術組織結構示意

比分等選擇進攻方式。

●**擊方向球**：

是進攻方擊球員運用站位和中球位置技巧，依據壘上局面和對方防守站位情況，擊出有利於上壘或使壘上跑壘者多進壘或得分的方向球的進攻戰術行為。

●**連續進壘**：

是擊球員或跑壘員根據擊球距離、方向、安打效果選擇進2個壘及以上的進攻戰術行為。常見連續進壘局面有擊球員安打上二壘、一壘跑壘者進三壘、二壘跑壘者搶本壘得分等。

●**搶本壘得分**：

是跑壘員根據擊球員擊球距離、方向和對方防守能力等因素選擇搶本壘得分的進攻戰術行為。常用的搶本壘得分局面有三壘跑壘者搶本壘、二壘跑壘者搶本壘和多壘安打搶本壘等。

●**主動性盜壘**：

是跑壘員為了爭取更多的上壘或得分機會，強化跑壘意識，縮短上壘距離而採取壓迫性盜壘意識的戰術行為。雖然我國軟式棒壘球比賽規則不允許盜壘，但可強化跑壘員在擊球員擊中球的

瞬間快速起動上壘（相當於快投壘球比賽中，投手投球出手瞬間的盜壘行為），球落地時跑壘員已起動或已跑出一段距離，易造成對方防守失誤，縮短跑壘者上壘距離。主動性盜壘行為有單盜壘和雙盜壘等。採用此戰術要求壘上指導員注意力高度集中，如擊出高飛球要提醒跑壘員及時回壘。軟式棒壘球與競技棒壘球的盜壘時機有一定區別。

下面分別介紹擊球戰術、跑壘戰術、打跑和選殺跑的進攻戰術。

一、擊球戰術

(一)擊滾地球

擊球員要有意識地採用下砍擊球方式擊出滾地球，擊中球的中上部即可。跑壘員在擊球員球棒中球瞬間大膽進壘。

下砍式擊球動作如圖3-30所示。

(二)擊方向球

擊球員要有意識地調整站法。當左邊守場員防守較弱或出現較大空檔時，採用開放式站位和拉打技巧擊出左方向球；當一壘有人時，採用封閉式站位和推打技巧擊出右方向球，爭取一壘跑壘者上到三壘。

擊球員擊方向球的站法、拉打和推打如圖3-31和圖3-32所示。

採用下砍式
擊地滾球

圖3-30　下砍式擊出滾地球

圖3-31
開放式拉打可擊出左方向球

圖3-32
封閉式推打可擊出右方向球

二、跑壘戰術

(一)一搶三

一壘有人時，擊球員採用封閉式站法，推打出9號位方向的安打球（即右外野安打球），跑壘員採用P形跑法跑到三壘。

一搶三跑壘如圖3-33～圖3-36所示。

圖3-33　在一壘眼盯擊球員

一壘

圖3-34　擊出右外野安打
　　　　球快速起動跑壘

二壘

連續進到三壘

圖3-35　採用Ｐ形跑法跑過二壘

二壘

連續進到三壘

圖3-36　快速跑到三壘

（二）二搶本

　　二出局二壘有人時（圖3-37），跑壘員採用45°角離壘方式
（圖3-38）。當擊球員採用擊滾地球或擊方向球戰術擊出安打球

圖3-37　二壘有人眼盯擊球員

圖3-38　二出局採用45°角離壘，棒中球瞬間快速搶本壘

時，跑壘員應全速搶本壘。

(三)三搶本

二出局前，三壘有人，擊球員採用擊滾地球或擊方向球戰術，如球落地點較遠，跑壘員應全速搶本壘；如不能搶本壘，壘上指導員則及時提醒跑壘員回三壘。

(四)本跑二

壘上無人且擊球員擊出穿越內野較遠的滾地球或外野安打球時，跑壘員要採用 P 形跑法全速從本壘跑上二壘。如不能上二壘，壘上指導員則應及時提醒跑壘員回一壘。

三、打跑（主動性盜壘行為）

二出局前，一壘或二壘或一、二壘有人時，壘上指導員發出主動性盜壘暗號時，擊球員採用下砍式擊滾地球戰術，跑壘員在棒中球瞬間快速起動（球落地時已跑出一段距離）和利用身體慣性順勢跑壘，縮短上壘距離。如擊出高飛球或不能進壘時，壘上指導員要及時提醒跑壘員回壘。

四、選殺跑

二出局前，二壘或二、三壘有人，擊出滾地球，防守隊選殺（封殺）搶本壘的跑壘員或擊跑員時，其他跑壘員擇機搶佔下一個壘位。

第三部分
教學法篇

第四章　基本教法

【學習提要】

　　軟式棒壘球運動的教學方法是指教師和學生在教學過程中為完成軟式棒壘球教學任務、實現教學目標所採取的工作途徑、方式和手段的總和。它包括教師教法和學生學法，是教師引導學生提高軟式棒壘球技能、獲得身心發展而共同活動的方法。

　　本章重點學習軟式棒壘球運動各類基本的技戰術教學方法，包括教學目標、練習方法、學法步驟、教學觀測重點、安全措施、教學效果評價、易犯錯誤及其糾正方法等。掌握本章內容對完成教學任務目標，提高教師的創新思維、創新內容與方式和提高學生實踐能力、提升技能和激發興趣等有較大裨益。

第一節　技術教學法

一、防守技術教學法

(一)閉眼睛握球

1.教學目的

　　提高握球的準確性、穩定性，找球位置感和球感，培養學習興趣。

2. **器材準備**

球若干個。

3. **組織形式**

分若干組進行，每組若干人。

4. **教學方法**

每名練習者都用接球手持1球
（可戴手套），閉上眼睛用傳球手
快速握球和鬆手（圖4-1～圖4-
3）。每人每組練習10～15次，練
習2～3組。可自行檢查或互相檢查。

圖4-1　三指握法

圖4-2　快速握球

圖4-3　快速取球檢查握法

5. 學法步驟

練習者徒手做出正確握球姿勢，先體會抓球和鬆手5～6次，最後過渡到閉眼睛連續抓球和鬆手10～15次。

6. 教學觀測重點

檢查快速握球的正確性、穩定性、找球位置感和球感。

7. 教學建議

練習難度可逐漸加大，先看著球體驗握球與鬆手，逐步過渡到閉眼睛連續快速抓球和鬆手。

8. 教學效果評價

練習者依據自己掌握的情況為自己打分。

閉眼睛握球教學效果評價如表4-1所示。

表4-1　閉眼睛握球教學效果評價（單位：10次）

項　　目	優	良	中	還需努力
閉眼睛抓球	7及以上	5～6	3～4	2及以下

9. 易犯錯誤及其糾正方法

閉眼睛握球易犯錯誤及其糾正方法如表4-2所示。

表4-2　閉眼睛握球易犯錯誤及其糾正方法

易犯錯誤	糾正方法
1. 手指握法不準	1. 多練習抓球，中指、食指和拇指握點要呈等邊三角形。
2. 全掌握球	2. 多練習抓球，虎口要留有間隙，手指要貼球。

(二)快速傳取球

1. 教學目的

提高手腕靈活性和傳接與取球的協調性、雙手配合度及手

感，提高學習興趣。

2. 器材準備

球若干個，手套若干個。

3. 組織形式

分若干組進行，每組若干人。

4. 教學方法

每名練習者用傳球手持1個球，接球手戴手套。閉上眼睛將球傳向接球的手和快速取球（圖4-4～圖4-6）。每人每組練習10～15次，練習2～3組。可自行檢查或互相檢查。

圖4-4　快速向手套傳球　　　圖4-5　扣腕自然　　　圖4-6　快速取球

5. 學習步驟

練習者徒手做出正確握球姿勢，先體會抓球、接球和取球5～6次，最後過渡到閉眼睛連續傳接球和取球10～15次。

6. 教學檢查重點

檢查手腕靈活性和雙手連續快速傳接與取球的協調性、準確性、穩定性、找球位置感和手感。

7. 教學建議

要保持20公分的傳接距離。動作自然協調。練習難度可逐漸加大，先用眼自行觀察傳接球和取球，逐步過渡到閉眼睛快速抓取球。

8. 教學效果評價

練習者依據自己掌握的情況，嘗試為自己打分。

快速傳取球教學效果評價如表4-3所示。

表4-3　快速傳取球教學效果評價（單位：10次）

項　　目	優	良	中	還需努力
快速傳取球	7及以上	5～6	3～4	2及以下

9. 易犯錯誤及其糾正方法

快速傳取球易犯錯誤及其糾正方法如表4-4所示。

表4-4　快速傳取球易犯錯誤及其糾正方法

易犯錯誤	糾正方法
1. 傳取球動作僵硬 2. 取球常掉球	1. 多練習快速傳取球，檢查雙手協調性和手腕靈活性。 2. 降低球速度，手指要深握球，逐步加快取球速度。

(三)跪地傳球（右傳者，下同）

1. 教學目的

掌握傳球臂的正確運行路線，檢查揮臂軌跡。培養小組合作精神。

2. 器材準備

球若干個，手套若干個。

3. 組織形式

分2大組進行，2人一組。2列橫隊，相距約10公尺。在指定地方練習。

4. 教學方法

練習者持球，雙膝或單膝跪地（圖4-7～圖4-11）。每組練習傳接球20～30次，練習2～3組。教師觀察練習者揮臂軌跡。練習者可相互檢查傳球臂是否正確。

5. 學法步驟

練習者先在原地體會徒手傳球動作10次，自我檢查揮臂軌跡是否規範。然後再過渡到持球練習。

6. 教學檢查重點

傳球臂垂直地面運行，球出手時手臂與地面呈30度，並稍直

圖4-7
雙膝跪接球

圖4-8
轉腰分手

圖4-9
提肘、壓腕、挺胸

圖4-10　球出手點與地面呈30°　　　圖4-11　傳球後手臂隨擺要垂直地面

和手掌心正對接球者。手臂隨擺儘量貼近左側身體和右肩對準接球者。

7. 教學建議

初學者練習時球速適中和球路有一定弧度，有一定水準後再提高球速和球路平。儘量將球傳在接球者的胸前。練習時最好在草坪上進行或將海綿墊鋪在地上。

8. 教學效果評價

練習者可依據自己掌握的情況，嘗試為自己打分。

跪地傳球教學效果評價如表4-5所示。

9. 易犯錯誤及其糾正方法

易犯錯誤及其糾正方法如表4-6所示。

表4-5 跪地傳球教學效果評價（單位：10次）

項　目	優	良	中	還需努力
跪地傳球（傳球臂軌跡垂直地面）	7及以上	5～6	3～4	2及以下

表4-6 跪地傳球易犯錯誤及其糾正方法

易犯錯誤	糾正方法
1. 手臂側向傳球	1. 用左手托住右肘，徒手練習前臂垂直地面向前揮動。
2. 傳球臂的肘部過低	2. 用左手托住右肘比右肩稍高，反覆做向前揮臂動作。
3. 球路不直或球旋轉方向不對	3. 用左手托住右肘，右手掌心正對前方，反覆做扣腕和撥指動作。

(四)十字傳球步法練習

1. 教學目的

掌握正確的傳球步法，提高步法的靈活性和協調性。

2. 器材準備

球若干個。在地上用石灰粉畫若干個十字線。

3. 組織形式

2列橫隊，練習者間距約2～3公尺。每名練習者在指定地方的十字線位置站立。

圖4-12 十字傳球步法

4. 教學方法

練習者分腿屈膝站在十字線上（圖4-12），按教師手勢做出向前、向後、向左、向右的步法。練習過程中教師要觀測練習者

的步法是否正確。每組練習20次，練習2～3組。

5. 學法步驟

練習者先徒手練習，基本掌握後再持球練習。動作速度要逐步加快。

6. 教學檢查重點

傳球墊步時伸踏腳要指向接球人，軸心腳、伸踏腳要在同一條十字線上。

7. 教學建議

練習節奏和速度先慢後快。練習過程中身體要始終保持低姿勢。動作基本熟練掌握後，可過渡到5人十字練習法，即練習者持球站在中間，向相距6～10公尺站立的4人（在十字方向上）反覆練習接傳球，以全面提高傳接球的運用能力。

8. 教學效果評價

練習者依據自己掌握的情況，嘗試為自己打分。

十字傳球步法教學效果評價如表4-7所示。

表4-7　十字傳球步法教學效果評價（單位：10次）

項　　目	優	良	中	還需努力
十字傳球步法練習 （前後腳是否在同一條十字線上）	7及以上	5～6	3～4	2及以下

9. 易犯錯誤及其糾正方法

十字傳球步法練習易犯錯誤及其糾正方法如表4-8所示。

表4-8　十字傳球步法練習易犯錯誤及其糾正方法

易犯錯誤	糾正方法
1. 伸踏腳打開	1. 在地面畫十字線，伸踏腳與軸心腳必須在一條十字線上。
2. 步法不協調	2. 多在地面十字線上練習步法，動作節奏由慢到快。

(五)自拋自接

1.教學目的

加強接拋球感的練習，提高對空間的判斷能力。

2.器材準備

壘包1套，球若干個。

3.組織形式

分1～2組，每組若干人。在指定地方練習。

4.教學方法

每名練習者持球在跑動中自拋自接(圖4-13～圖4-16)。練習者站成一路縱隊，間距約5公尺，沿著跑壘路線邊跑邊拋邊接，

圖4-13
原地向上拋球

圖4-14
拋球高度逐漸加大

圖4-15
雙手接球

跑到本壘處歸隊。依次進行，練習3～5圈。

5. 學法步驟

練習者先在原地體會自拋自接5～10次，然後再在跑動中練習。

6. 教學檢查重點

空間判斷和接球準確性。控制好拋球高度和球路傾斜幅度。

7. 教學建議

開始練習時要控制好跑速和拋球高度，基本掌握後再提高跑速和拋球高度。此教學法可變換為行進間2～3人對拋接、斜拋接；或用手套背面接球（見圖4-16），養成雙手接球習慣並提高難度。

圖4-16　用手套背接，提高難度

8. 教學效果評價

練習者依據自己掌握的情況，嘗試為自己打分。

行進間自拋自接教學效果評價如表4-9所示。

表4-9　行進間自拋自接教學效果評價（單位：10次）

項　　目	優	良	中	還需努力
行進間自拋自接	7及以上	5～6	3～4	2及以下

9. 易犯錯誤及其糾正方法

自拋自接易犯錯誤及其糾正方法如表4-10所示。

表4-10　自拋自接易犯錯誤及其糾正方法

易犯錯誤	糾正方法
拋球傾斜幅度過大	多練習原地拋球，持球手向上拋時要基本垂直地面。

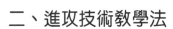

二、進攻技術教學法

(一)自拋自擊

1.教學目的

體會揮棒時的眼手配合、空間判斷、揮擊節奏和體驗擊球樂趣。培養小組合作精神。

2.器材準備

球棒若干支，球若干個。

3.組織形式

分2組進行，每組若干人，在指定地方練習。

4.教學方法

分兩組進行對擊，每組10～15人。一組自拋自擊（圖4-17～圖4-20），另外一組防守，組間距約20公尺。每名練習者擊5～10個球輪換為防守組，另外一組防守後輪換為擊球組。練習2～3輪。

5.學法步驟

練習者可先體驗自拋後用拳頭擊球，體會眼手配合的節奏。然後再過渡到用球棒擊球。也可坐拋擊等。

6.教學檢查重點

揮棒時眼手配合的協調性、空間判斷、揮擊節奏和體驗擊球樂趣。

圖4-17　自拋自擊

圖4-18	圖4-19	圖4-20
拋球最高點在頭部附近	在腰部擊中球	擊中球後的收棒

7. 教學建議

為便於組織有序和確保安全，建議擊球組再分3個小組（每小組5人），每小組自拋擊球後，再到另一小組自拋擊球，以便對方防守。擊球節奏要統一，對方防守接球撿球要快，避免浪費時間，提高練習興趣。

8. 安全措施

低年級學生一般自控能力較弱，活潑好動，對擊球方式新鮮感較強，喜歡持棒對打或持棒追逐。因此，練習時須使用安全軟球棒和安全軟球。練習前教師要對學生進行安全教育，尤其不準對頭部和眼睛敲擊，練習後及時收回球棒。

9. 教學效果評價

練習者依據自己掌握的情況，嘗試為自己打分。

自拋自擊教學效果評價如表4-11所示。

表4-11　自拋自擊教學效果評價（單位：10次）

項　目	優	良	中	還需努力
用棒自拋自擊	7及以上	5～6	3～4	2及以下

10. 易犯錯誤及其糾正方法

自拋自擊易犯錯誤及其糾正方法如表4-12所示。

表4-12　自拋自擊易犯錯誤及其糾正方法

易犯錯誤	糾正方法
1. 拋球過高	1. 拋球高度在頭部上方附近，前臂控制拋球力度和屈肘幅度。
2. 向前拋球傾斜度過大	2. 拋球要垂直地面，尤其拋球手腕的掌心平面保持垂直向上。
3. 揮空棒較多	3. 眼睛始終盯球，球下降到腰部時擊中球，揮棒要有一定提前量。

(二)三人組合揮空棒

1. 教學目的

學會正確的擊球技術，培養合作精神，體驗學習樂趣。

2. 器材準備

球棒若干支。

3. 組織形式

分若干組，每組3人，在指定地方練習。

4. 教學方法

3人一組，L形站位（圖4-21），間距2.5～3公尺。1人揮棒

圖4–21　L形三人組合揮棒觀測法

（不用球，圖中的①）；1人單腿下跪（圖中的②），用球棒的棒頭瞄準揮棒者的腰部，檢查揮棒者的揮棒軌跡是否與棒頭在同一平面上；另1人站立豎棒（圖中的③）對準擊球員的重心，檢查揮棒重心移動是否正確。擊球員揮擊15～20棒交換，輪流進行。練習2～3輪。教師的站位要能觀察到揮棒者的揮棒軌跡和重心移動情況。

5. 學法步驟

每名練習者先原地揮空棒體驗15～20次，自我檢查或互相檢查擊球的重心移動、節奏和揮棒軌跡等。然後再分組進行練習。

6. 教學檢查重點

揮棒時下砍平揮軌跡、重心前移幅度、擊球節奏和全身動作的協調性。

7. 教學建議

擊球是一項難度較大的技術，須勤學苦練和打好紮實的基本功，同時教師要採用多種視覺手段提高學生擊球技術，如採用掛圖、視頻等手段。小學生模仿能力強，教師要有良好的正確技術才能示範講解得準確。可多安排技術好的學生示範交流和小組互動。

8. 安全措施

低年級學生一般自控能力較弱，活潑好動，對擊球方式新鮮感較強，喜歡持棒對打或持棒追逐。因此，練習時須使用安全軟球棒和安全軟球。練習前教師要對學生進行安全教育，尤其不準因嬉鬧而傷及頭部和眼睛等。練習後要及時收回球棒。

9. 教學效果評價

練習者依據自己掌握的情況，嘗試為自己打分。

三人組合揮空棒教學效果評價如表4-13所示。

表4-13　三人組合揮空棒教學效果評價（單位：10次）

項　　目	優	良	中	還需努力
揮空棒	7及以上	5～6	3～4	2及以下

10. 易犯錯誤及其糾正方法

揮空棒易犯錯誤及其糾正方法如表4-14所示。

表4-14　揮空棒易犯錯誤及其糾正方法

易犯錯誤	糾正方法
1. 揮棒軌跡上挑	1. 使用1～1.5公尺長的木棍或竹竿揮棒，檢查是否平揮。
2. 揮棒時棒頭掉棒	2. 左手持棒，將棒身的中部放在右手屈肘處（右肘齊肩），下棒時保持棒頭角度。
3. 揮棒時重心不穩	3. 揮棒在平衡木上（高度在20～40公分之間）。

(三)對網拋擊

1. 教學目的

提高擊球技術和擊球效果，強化基本功練習。培養合作精神，激發學習樂趣。

2. 器材準備

球棒若干支，球若干個，擋網若干個。

3. 組織形式

每組2人，分若干組進行。在指定地方練習。

4. 教學方法

2人一組，間距2.5～3公尺。一人坐椅對網擊球（離擋網約2公尺），一人蹲立或站立做下手拋球（圖4-22）。擊球員坐在椅子上或站立揮擊20～30棒交換，輪流進行。練習2～3輪。教師檢查擊球員技術時的站立位置要能觀察到局部和整體的揮擊情況。

5. 學法步驟

練習者先原地揮空棒體會15～20次，自我檢查或互相檢查擊球技術情況。然後再分組進行練習。

6. 教學檢查重點

球路是否平，揮棒軌跡、重心前移幅度、擊球節奏和全身動

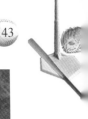

圖4-22　坐式拋擊

作的協調性。

7. 教學建議

拋球人要有節奏，擊球員在球落到腰部時揮棒中球。練習一段時間後，可提高練習難度，如快拋快打、後拋擊球等。可增加擊T座球練習，這對提高基本功有較大幫助。練習過程中，可要求學生互動和多交流，不斷糾正錯誤動作。

8. 安全措施

留意擊球附近學生的安全，及時修補擋網。低年級學生一般自控能力較弱，活潑好動，對拋擊練習的新鮮感較強，喜歡持棒

對打或持棒追逐。因此，練習時須使用安全軟球棒和安全軟球。練習前教師要對學生進行安全教育，尤其不準敲擊頭部和眼睛等。練習後要及時收回球棒。

9. 教學效果評價

練習者依據自己掌握的情況，嘗試為自己打分。

對網拋擊教學效果評價如表4-15所示。

表4-15　對網拋擊教學效果評價（單位：10次）

項　　目	優	良	中	還需努力
對網拋擊	7及以上	5～6	3～4	2及以下

10. 易犯錯誤及其糾正方法

對網拋擊易犯錯誤及其糾正方法如表4-16所示。

表4-16　對網拋擊易犯錯誤及其糾正方法

易犯錯誤	糾正方法
1. 擊出的球太高 2. 擊不中球 3. 以棒頭部位擊中球	1. 要擊中球的中心偏下一點。 2. 將球拋高一點（胸部和腰部之間）和降低拋球節奏。 3. 調整棒的中球點，儘量於離棒頭15公分處擊中球。

(四)接力跑壘

1. 教學目的

提高跑壘能力和培養團隊合作、進取精神，調動學習氛圍。

2. 器材準備

壘包一套。

3. 組織形式

分2組進行，每組若干人。在指定地方練習。

4. 教學方法

分2組做接力跑壘。一組列隊排在本壘，另一組列隊排在二壘（圖4-23），教師站在內場中間或投手丘上。教師吹哨開始跑壘，每人跑一次全壘（每個壘位必須踏到），跑回出發點附近用手拍下一個接力者的手後，接力者再跑壘。

依次類推，最後一名跑壘者跑回出發點後迅速跑到內場中間處拍教師的手，先拍者為勝隊。

三盤二勝，負者自罰或由教師罰練。只要有一名練習者未踏

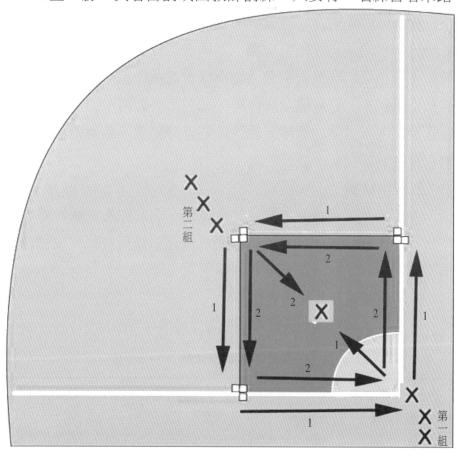

圖4-23　接力跑壘示意

到壘位，判全隊負和罰練，並重新進行接力跑壘。

5.學法步驟

練習者可先慢跑一圈，熟悉跑壘道情況，清理地上的小石子等雜物，達到安全要求後再開始接力跑壘。

6.教學檢查重點

採用P形跑壘法跑壘，踩到每個壘位。跑壘動作的協調性和心理狀態及合作進取精神。

7.教學建議

練習一段時間後，可輪換出發位置，如改為一、三壘，一、二壘等，目的是熟悉跑壘局面，為以後比賽奠定良好基礎。教師要求每組在第二局接力跑壘時變換練習者跑壘順序，發揮創新精神和出奇制勝。踩壘儘量踩內角，縮短跑壘距離。由於接力跑壘能真實反映練習者的速度，教師最好計時練習，這對瞭解學生身體素質發展情況有裨益。

8.安全措施

由於接力跑壘場面熱烈，挑戰性強，尤其在壘位轉彎處容易摔倒，所以最好在壘位處安排輔助員保護。儘量在草坪或標準土場進行。不宜在硬地進行接力跑壘。

9.易犯錯誤及其糾正方法

接力跑壘易犯錯誤及其糾正方法如表4-17所示。

表4-17　接力跑壘易犯錯誤及其糾正方法

易犯錯誤	糾正方法
1.踩壘位外角 2.踏壘前減速 3.跑壘弧度過大	1.多進行踩壘位內角練習。 2.多練習全速直線跑或P形跑壘，用左腳或右腳踩壘均可。 3.在踏壘前6公尺左右採用P形跑法。

第二節　鍛鍊方法

一、熱身方法

軟式棒壘球熱身練習一般有靜力性熱身和動力性熱身兩種。靜力性熱身在伸展到最大處要靜止5～8秒，重複3～4次。動力性熱身以加速跑、移動或看手勢移動、行進間操、看信號反應、靈敏性和協調性練習、結合專項技術的熱身等為主。

軟式棒壘球練習前的熱身手段簡介如下。

(一)慢　跑

繞棒壘球場慢跑3～5分鐘（圖4-24）。

圖4-24　繞棒壘球場慢跑

(二)頭部伸拉

頭部伸拉如圖4-25和圖4-26所示。

圖4-25　頭部後仰

圖4-26　頭部下壓

(三)拉手腕

拉手腕如圖4-27和圖4-28所示。

(四)手臂體側壓肩

手臂體側壓肩如圖4-29所示。

(五)手臂頸後拉肘肩

手臂頸後拉肘肩如圖4-30所示。

圖4-27　後拉手掌腕

圖4-28　後拉手背腕

圖4-29　手臂體側壓肩

圖4-30　手臂頸後拉肘肩

(六)俯臥前後移壓腕

俯臥前後移壓腕如圖4-31所示。

圖4-31　俯臥前後移壓腕

(七)半蹲轉體壓肩

半蹲轉體壓肩如圖4-32所示。

圖4-32　半蹲轉體壓肩

(八)半蹲肘外頂膝

半蹲肘外頂膝如圖4-33所示。

圖4-33　半蹲肘外頂膝

(九)小腿交叉壓踝

小腿交叉壓踝如圖4-34所示。

(十)分腿後轉腰手觸腳跟

分腿後轉腰手觸腳跟如圖4-35所示。

圖4-34　小腿交叉壓踝　　　　　圖4-35　分腿後轉腰手觸腳跟

(十一)並腿跪後仰拉大腿和腹部

併腿跪後仰拉大腿和腹部如圖4-36所示。

圖4-36　併腿跪後仰拉大腿和腹部

(十二)分腿坐拉伸腰背

分腿坐拉伸腰背如圖4-37所示。

圖4-37　分腿坐拉伸腰背

(十三)仰臥舉腿左右移

仰臥舉腿左右移如圖4-38所示。

圖4-38　仰臥舉腿左右移

(十四)俯臥屈肘平板靜力練習

俯臥屈肘平板靜力練習如圖4-39所示。

圖4-39　俯臥屈肘平板靜力練習

(十五)閉眼單腿平衡練習

閉眼單腿平衡練習如圖4-40所示。

圖4-40 閉眼單腿平衡練習

(十六)前後分腿坐轉體前壓

前後分腿坐轉體前壓如圖4-41所示。

圖4-41 前後分腿坐轉體前壓

(十七)持棒向後轉肩

持棒向後轉肩如圖4-42所示。

圖4-42　持棒向後轉肩

(十八)單手握棒前伸

單手握棒前伸如圖4-43所示。

圖4-43　單手握棒前伸

(十九)單手握棒上舉

單手握棒上舉如圖4-44
所示。

圖4-44　單手握棒上舉

(二十)雙手握棒左右轉

雙手握棒左右轉如圖4-45所示。

圖4-45　雙手握棒左右轉

二、鍛鍊方法與要求

第一，重視運動前的熱身，基本方法是先進行輕微的慢跑，活動頭、肩、肘、手腕、手指、腰、膝、踝等關節和拉韌帶，最好做幾個加速跑。在確定各關節不僵硬和肌肉韌帶拉開後（以稍出汗為準），就可以開始軟式棒壘球活動了。小學階段教學課一般熱身活動約10分鐘，課餘訓練課的熱身時間稍長。

第二，運動前要修剪手指甲和腳趾甲及取下戒指、裝飾品等，以免出現傷害。

第三，開展校園小學棒壘球特色活動，須先學習普及型的軟式棒壘球運動，使用軟式安全棒壘球和軟式球棒，建議以戴手套為主，盡情享受棒壘球的樂趣。

第四，加強日常健康管理，不可暴飲暴食和蓄積疲勞，要有足夠的睡眠時間，保持身心健康。既要享受棒壘球的快樂，也能廣交小朋友，聯絡情誼。

第五，加強自我保護意識，提高身心素質。使用專門棒球膠釘鞋、手套等相關用具。要養成穿戴棒球服飾、棒球帽練習和愛護保養用具的好習慣。

第六，棒壘球活動結束後要重視整理活動，如慢跑、拉韌帶等，這對消除身體疲勞大有裨益。

三、體能練習方法與注意事項

體能練習方法如表4–18所示。

表4-18　體能練習方法

專項素質	練習手段
1. 手臂素質	1. 上舉棒、揮空棒、甩毛巾等。
2. 手腕素質	2. 撚報紙、抓沙等。
3. 腰腹素質	3. 夾棒轉腰、前後拋實心球等。
4. 肩背素質	4. 拉彈力帶、負重側舉等。
5. 跑壘素質	5. 追逐跑各壘、拉車胎跑壘等。
6. 平衡素質	6. 在體操凳上做傳接球動作等。

體能練習注意事項如表4-19所示。

表4-19　體能練習注意事項

體能素質	注意事項
1. 柔軟、靈敏	1. 結合練習前的熱身活動與結束部分進行，練前各關節要活動開，難度要循序漸進，防止因過度伸張等造成拉傷。結合課的內容進行針對性的無球或有球練習。要有側重點，並在身體無傷病情況下練習。
2. 速度	2. 下肢肌肉、韌帶、關節充分活動開，在身心狀態和興奮度最高時進行，重點檢查步頻、步幅和呼吸等。控制好強度，及時瞭解練習者身體狀況，防止傷害事故發生。
3. 力量	3. 做好充分熱身活動。負重程度和內容要因人而異，具有針對性練習過程要高度集中精神和注意力。保持環境安靜，不準嬉鬧。要記錄練習者初期最大力量和最小力量並跟蹤對比。控制好強度和量。堅持經常練習。練習後務必放鬆、拉韌帶或慢跑，出現肌肉僵硬要儘早恢復。
4. 耐力	4. 耐力練習是培養意志力和提高身體機能的好方法。練習內容與方法要有趣味性和形式多樣。安排好練習強度，遵守循序漸進原則。及時瞭解練習者的身心狀況。耐力練習一般安排在課的後半程或週課的後期進行。

第四部分
規則裁判篇

第五章　比賽規則

【學習提要】

　　軟式棒壘球比賽規則是舉辦競賽、遊戲等活動的重要文本，參賽隊伍和有關人員必須遵守和執行競賽規則規定。

　　本章主要學習軟式棒壘球規則中的術語、概念、定義、相關比賽規則和要求，包括競賽年齡分組、擊球員、擊跑員、跑壘員、妨礙、阻擋、死球、繼續比賽、申訴、抗議等有關規則和判罰。也簡介了中國與亞洲、臺灣、美國、加拿大軟式棒壘球（Tee ball）協會部分比賽規則的異同點。掌握本章內容可為以後參加競賽活動和對外交流合作奠定良好的基礎。

第一節　術語、概念和定義

　　軟式棒壘球競賽規則中部分術語、概念和定義如下。

　　● **得分**：擊球員合法地依次踏觸一、二、三壘，最後安全穿越得分線的進攻行為稱為得分。

　　● **守隊、守隊隊員**：在場上進行防守活動的隊稱為守隊；其隊員稱為守隊隊員。

　　● **攻隊、攻隊隊員**：在場上進行擊球和跑壘的隊稱為攻隊；進行擊球和跑壘的隊員稱為攻隊隊員。

　　● **界內球**：合法擊出的球如遇下列任一情況都稱為界內球：

——停止在本壘至一壘或本壘至三壘之間界內地區的球或第一落點在外野界內地區的球；

——擊出的球在界內地區觸地後越過一、三壘壘位後從壘位後面的界內地區滾出外場時；

——觸及一壘、二壘、三壘壘包的球（一、三壘線外側壘墊除外）；

——先落在一、二壘或二、三壘的壘線上或該線後的外野界內地區時；

——球在界內觸及裁判員或比賽隊員身體時；

——擊出的高飛球第一個落點在一、三壘壘位後的界內地區時；

——從界內地區上空直接越出全壘打線時。具體規定如下：

● 在邊線上包括邊線標杆接球時，應按守場員手套觸球時與地面的垂直線判定。在邊線內包括在邊線上的界內球，不應以守場員觸球時是否站在界內或界外地區來判定。為了使裁判員準確地判定界內球或界外球，在邊線標杆上應設置鐵網。

● 高飛球落在內場後，如在一、三壘前沒有觸及任一比賽隊員或裁判員而彈出界外地區時判「界外球」；如停留在界外地區或在界外地區被隊員觸及時也判「界外球」。但是高飛球落在一、二、三壘上或落在一、三壘後面的外場界內地區然後彈出界外地區時判「界內球」。

● **界內地區**：從本壘經一、三壘邊線及其延長線一直到擋牆或圍網（包括垂直的空間）以內的區域叫「界內地區」。

● **界外球**：擊球員合法擊出的球如遇下列任一情況時稱為界外球：

——球停止在本壘至一壘或本壘至三壘之間的界外地區時；

——地滾球在經過一、三壘壘位外側界外地區滾入外場或繼續滾出界外地區時；

——高飛球第一個落點在一、三壘壘位後界外地區時；

——球在界外觸及裁判員、比賽隊員的身體或其他障礙物時。具體規定如下：

●擊出的球在沒有觸及守場員前擊中投手板然後反彈到本壘至一壘或三壘之間滾出界外地區時判界外球；

●擊球員擊出球之後在尚未離開擊球區時，再次被擊出的球碰觸身體時為界外球；

●擊出的球觸及界外地區的擋網、圍牆或擊球員放下的球棒、捕手脫下的面罩，裁判刷子等地面以外的用具後再進入界內地區時為界外球。

●**界外地區**：從本壘經一、三壘邊線及其延長線一直到擋牆或圍網（包括垂直面的空間）以外的區域叫界外地區。

●**死球與活球**：根據規則，造成比賽暫時停止的球稱為死球，這種暫停比賽的局面叫死球局面；處於繼續比賽過程中的球稱為活球。

●**飛行狀態**：擊出或傳出的球在觸及守場員前未觸及地面或其他物體的狀態。

●**平直球**：擊球員擊出的強勁、直線、未觸及地面飛行的球。

●**不合法與合法**：違背規則規定的行為稱為不合法；與規則規定相符合的行為稱為合法。

●**內野手**：在內野各位置進行防守的隊員稱為內野手。

- **外野手**：在外野各位置進行防守的隊員稱為外野手。
- **出局**：攻隊隊員被取消擊球、跑壘或得分等的權力稱為出局。
- **局**：局是全場比賽的一部分。比賽雙方交換攻守各一次稱為一局。一方一次進攻為半局。先攻隊進攻時為上半局；後攻隊進攻時為下半局。
- **申訴局面**：是當守隊隊員或教練員沒有提出要求前，裁判員不能預先做出判決的局面。
- **申訴**：是守隊對攻隊隊員的犯規行為要求裁判員判定其出局的行為。
- **教練員**：由主教練指定在場上執行指揮任務並穿著本隊比賽服的本隊成員稱為教練員，他並不限於擔任跑壘指導員。
- **主教練員（經理）**：負責本隊比賽事宜並代表本隊與裁判員和對方隊進行聯繫的本隊成員稱為主教練員（經理），隊員經主教練員指派也可臨時代行主教練員職責。主教練員的其他職責和注意事項如下：

——各隊應於比賽前30分鐘向大會或擔任該場比賽的司球裁判員指定本隊的主教練員。

——主教練員對全隊的行為、規則的遵守和服從裁判員判定等負責。

——主教練員可依照聯盟（協會）規約，將其職權委託於教練員或隊員並報請司球裁判員確認。經確認後本規則認定該指派的代理者為正式的主教練員，對該隊所有行為負有完全的責任。

——如果主教練員離開場地，應指定一名教練員或運動員作為他的代理者。因此，代理者擁有作為主教練員的職責、權力和

義務。如果主教練員離開比賽場地時，沒有或拒絕指派代理者，則由司球裁判員代為指派該隊某個教練員或隊員為代理者。

● **聯盟**（協會）：指主辦當局或該次賽會的主辦單位，即制定競賽規程、編排比賽日程的大會組織。

第二節　軟式棒壘球競賽規則

一、軟式棒壘球競賽年齡分組

軟式棒壘球競賽年齡分組一般分幼兒組、小學組（一、二年級低齡組）、小學組（三至六年級大齡組）、初中組、高中組及大學組（成年）六個組別。幼兒組為6歲及以下，小學組為7～12歲，初中組為13～15歲，高中組為16～18歲，大學組19歲及以上。

二、中國軟式棒壘球競賽規則簡介

中國軟式棒壘球比賽規則一般分為12個部分，即比賽場地、設備、教練員與隊員和替補隊員、比賽、擊球員和擊跑員、跑壘員、妨礙（進攻影響防守）、阻擋（防守影響進攻）、申訴、死球和繼續比賽、抗議、裁判員和記錄員。本教程只介紹比賽規則的部分內容。

(一)比賽場地

比賽場地分為界內區域和界外區域。界內區域為直角扇形，界外區域為扇形直角線外5公尺的「L」形地區，其他為無效

區。比賽場地可依據實際情況設置球場特別規則。

1. 比賽場地的劃分

扇形的頂角位置為本壘,沿逆時針方向的3個L形3片雙色壘包標記分別為一壘、二壘、三壘。

2. 全壘打線

比賽場地外野的界內地區的扇形弧線為全壘打線。

3. 擊球座

擊球座置於本壘板上。

4. 比賽場地內的線條

比賽場地內的各種線條,其寬度為5公分或7公分。

5. 投手圈

投手圈是直徑為6公尺的圓。圓心在本壘至二壘的中心點。

6. 得分線

得分線為一壘線的反向延長線,長度為3公尺。

7. 返壘限制線

我國比賽規則規定,返壘限制線僅在三壘設立,距離三壘5公尺,垂直於三壘線,長約1.82公尺(界內和界外各0.91公尺)。

8. 比賽用具的放置

比賽用具必須放在隊員席內。裁判員要先確認比賽場地及用具,在確保安全的情況下,才能進行比賽。

(二)教練員、隊員和替補隊員

1. 教練員

進攻隊的教練員擔任跑壘指導員時,須站立於球場的指導區

內（如不妨礙比賽，可以離開指導區指導跑壘員進壘、返壘或回避防守的處理）；教練員不得向對方隊、裁判員或觀眾使用惡劣的言語；教練員在比賽場上不能使用通訊工具。教練員違反以上規定，第一次先予警告處理，再違反則罰主教練離場。

2. 上場隊員名單

在每一場比賽之前，教練員必須將「上場隊員名單」（一式四份，教練員必須簽字）提交給司球裁判（正本），比賽記錄員、對方球隊和本方自留一份。9名開場隊員名單應依照擊球次序填寫姓名、性別、衣號和位置，所有替補隊員的姓名和號碼須列於開場隊員的下方。

3. 隊員和替補隊員

球隊必須保持規定人數才能開始比賽或繼續比賽。除了捕手以外，守隊隊員在攻隊擊球員擊球時，必須位於界內區域。捕手在擊球員擊球完成之前，必須在捕手區內。

死球局面時，任何隊員都可被替補。替補隊員進場比賽後又被替補出場後，不得再進場，可以擔任跑壘指導員。

4. 再進場

任何開場隊員均可被替補及再進場一次，但其擊球次序不變。

(三)比 賽

1. 攻守選擇

攻守選擇除主辦單位另有規定外，比賽的攻、守採用擲幣的方式來確定。

2. 正式比賽

（1）攻方9名隊員依次完成擊球後，為半局結束，進行攻、

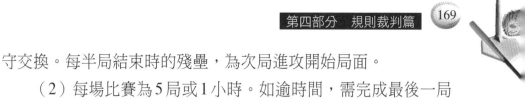

守交換。每半局結束時的殘壘，為次局進攻開始局面。

（2）每場比賽為 5 局或 1 小時。如逾時間，需完成最後一局比賽；若先守隊得分多於先攻隊時，最後半局不必賽完即可提前結束比賽。

3. 棄　權

某隊如有以下任一情況時，司球裁判應判該隊「棄權」，以 0：15 告負。

（1）球隊未遵照比賽規定時間（一般為遲到 15 分鐘）到場時。

（2）未在上場隊員名單中的隊員擅自出場比賽時。

（3）某隊故意採用明顯的延誤或敷衍比賽策略時。

（4）經裁判員警告後，還故意違犯比賽規則時。

（5）某隊因隊員被「罰出場」或「罰離場」或其他原因，致使該隊有資格上場的隊員數不足 9 人時。

4. 殘壘隊員特別規則

殘壘隊員如未返回本壘而需要輪擊時，攻方可選「暫替隊員」作為代跑壘員替換殘壘隊員。案例：如已有 9 人完成進攻需要交換攻守，但第一棒擊球員仍在壘上未返回本壘時。

5. 領先規則

3 局領先 15 分，4 局領先 10 分，比賽即可結束。

(四)比賽的進程

1.比賽在司球裁判宣佈「比賽開始」時開始，宣佈「比賽結束」時結束。

2.司球裁判在攻守行為靜止時，可宣佈「暫停」。

3.在司球裁判宣佈「開始」之後繼續比賽。

4.暫停做指示：

（1）進攻每局1次，防守共3次，每次時間不得超過1分鐘。

（2）5局比分相同後，如須進行決定勝負的比賽，則進攻、防守每局各一次。

（3）防守方利用進攻方或進攻方利用防守方請求的「暫停做指示」，其時間不得超過請求方「暫停做指示」的時間。

(五)得 分

1.跑壘員在任何一局比賽結束之前，依次合法地踏觸一、二、三壘，並最終穿越得分線，則判攻隊得1分。

2.本壘沒有觸殺。如遇觸殺，則觸殺無效，得分有效，為繼續比賽局面。

3.第九棒進攻時，遇封殺局面，被封殺隊員出局。如有隊員回到本壘得分無效，回到本壘的隊員返回原壘位，記為殘壘。

4.第九棒進攻時，遇觸殺局面，被觸殺隊員出局。有隊員回到本壘，如得分在前，觸殺出局在後，則得分有效；如觸殺出局在前，得分在後，則得分無效，回到本壘的隊員返回原壘位，記為殘壘。

(六)擊球員、預備擊球員、擊跑員、擊球次序、判擊球員一擊、擊球無效、擊球員出局和擊跑員出局

1.擊球員

（1）指進入擊球區內準備擊球的隊員。

（2）不執行DH（指定擊球員）。

2. 預備擊球員

指擊球員下一位的擊球手；預備擊球員必須在預備擊球區內等候。

3. 擊跑員

指擊球完成後，跑向一壘的隊員。

4. 擊球次序

（1）在比賽開始前，必須預先向司球裁判提交上場隊員名單，並依擊球順序擊球。

（2）替補隊員必須按被替補出場隊員的擊球順序擊球。替補隊員和被替補隊員不得同時在場上。

（3）替換隊員時，須在死球時由教練員向司球裁判員提出，並在獲準後方能上下場。

（4）守方對攻方擊球順序錯誤提出申訴，司球裁判員須做以下處理：非正位擊球員踏入擊球區即視為錯位擊球員；經提出申訴並且成立時，判正位擊球員和錯位擊球員都出局，場上局面恢復到錯誤行為發生前。判錯位擊球員的次一名擊球員擊球。

5. 擊球員遇下列任一情況，裁判員判其一擊

（1）擊球員揮擊未中時。

（2）擊出的每一個界外球。

（3）司球裁判員判定擊球員有揮棒動作時。

（4）試揮球棒觸球時。

（5）擊倒擊球座，無論球進入任何區域時。

（6）擊球員必須雙手持棒用力擊球，不可輕揮、對棒和觸擊，違者判一擊。

（7）擊球員在調整好擊球座的高度後5秒之內必須擊球，違者判一擊。

6. 擊球無效

（1）擊球員在裁判員宣佈暫停（Time）後進行擊球時，司球裁判員應判為「擊球無效」（Invalid Batting）。

（2）擊球無效成立時，全場所發生的一切攻守行為均屬無效，擊球員重新擊球，場上跑壘員回到原來壘位。

7. 擊球員出局

（1）裁判員判擊球員3擊時。

（2）擊球員使用大會認可之外的球棒時。

（3）擊球員被裁判員判以下任何一項的違規擊球時：

● 出廂擊球時；

● 裁判員判定擊球員球棒對守方造成干擾或對他人安全構成危險時；

● 故意碰倒擊球座，妨礙捕手防守時。

（4）擊球次序錯誤（申訴局面）。

（5）當擊球員的球棒在界內地區再次碰觸擊出的界內球時。

（6）站在指導區的教練員和預備擊球員妨礙防守隊員接擊出的界外高飛球。

（7）攻隊隊員席的人員妨礙守方隊員接球時。

8. 擊跑員出局

（1）擊跑員擊出界內球之後，在到達一壘之前，被守場員持球觸及身體時。

（2）擊跑員擊出界內球之後，在到達一壘之前，守場員已持球觸及一壘壘包時。

（3）在界內區被擊出的球觸及時。

（4）為避免或拖延被觸殺而向本壘後退時。

（5）放棄上壘進入隊員席。

（6）漏踏壘（申訴局面）。

（7）跑離「限制道」，裁判員認為妨礙。

例外：擊跑員為避免妨礙防守隊員接擊出的球，可以跑出跑壘「限制道」。擊出高飛球或平飛球被守場員直接接住時。

（8）教練員和隊員席人員協助跑壘。

（9）擊跑員有意妨礙守場員處理球或妨礙傳球時。這種情況，依據裁判員的認定，可判決前位跑壘員出局，或擊跑員和前位跑壘員兩者同時出局。

（10）在壘上沒有其他跑壘員的情況下，進攻方其他人員（教練員、預備擊球員、隊員席人員）妨礙防守時。

(七)界內球

合法擊出的球如遇下列情況，視為「界內球」：

1. 停在本壘至一壘或本壘至三壘間界內區時，或在該區域上空被碰觸時。

2. 球在界內地區反彈通過一壘或三壘的壘包而無論球落於何處時。

3. 球觸及一壘、二壘或三壘的壘包時（一壘和三壘外側壘包除外）。

4. 在界內區或其上方空間，觸及裁判員、球員身體或衣服時。

5. 騰空球先落在一、三壘壘包後的界內地區時。

6. 騰空球從界內地區上空直接越過外場全壘打線或全壘打圍

網時。

7. 騰空球擊中壘線標杆時。不過有些情況應予注意，如：

（1）界內騰空球應按接觸球時球和壘線的垂直地點（包括壘線標杆）來決定，而不是按防守隊員站在界內或界外來定。只要球在界外未碰任何障礙物，而且符合界內球的規定時，該球首先碰到界外或界內地區並無關係。

（2）妨礙發生時以碰觸球的位置決定是界內或界外，與球落何處無關。

8. 界線屬於界內區域。

(八)界外球

合法擊出的球如遇下列情況之一，均視為「界外球」。

1. 停在本壘至一壘或本壘至三壘間界外地區時。

2. 在界外地區反彈通過一、三壘壘包外側時。

3. 騰空球先落在一、三壘壘包後界外地區時。

4. 在界外地區碰觸裁判員、運動員的身體或附屬品、衣服以及其他非比賽場上的障礙物時。

5. 球觸及站在擊球區的擊球員，或第二次觸及其手中的球棒時。

(九)跑壘員

1. 擊球員完成擊球任務安全到達一壘後即為跑壘員。

2. 進 壘

跑壘員必須按順序觸踏一壘、二壘、三壘和穿越得分線。

例外：當跑壘員使壘包脫離規定壘位時，該跑壘員和後位跑

壘員不必踏觸離位的壘包，踏觸原壘位即可。

以下的情況，跑壘員可以進壘：

（1）當傳出的球或擊出的球未被阻擋時。

（2）界內球觸及裁判員或站在壘上的跑壘員時（此情況下，比賽繼續進行）。

（3）繼續比賽的球被卡在防守隊員的衣服中。

特別規則：防守方任何一名隊員持球，致使跑壘員停在壘位上，視為此攻守局面結束。當防守隊員回傳本壘時，跑壘員不得進壘。

3. 返　壘

比賽進行中跑壘員須返壘時，逆序觸壘。但死球時不在此限。

4. 跑壘員出局

以下情況，判跑壘員出局：

（1）離壘過早，即跑壘員在擊球員擊到球之前已離壘。

（2）比賽進行中，跑壘員離開壘包被守場員持球觸殺時。

（3）妨礙。

（4）當擊跑員成為跑壘員，踏過一壘企圖進二壘時，在其返回一壘之前被防守隊員持球觸殺時。

（5）跑壘員為了躲避守場員持球觸殺，而離開壘線0.91公尺以上的範圍時。

（6）被迫進壘時，守場員在跑壘員踏觸壘之前已持球觸壘。

（7）後位跑壘員超越前位跑壘員時（判超越者出局，繼續比賽）。

（8）跑壘員因判斷錯誤回到隊員席時。

（9）本隊人員（其他跑壘員除外）利用身體接觸協助跑壘員時。

（10）跑壘員被擊出的球擊中身體。

（11）兩個跑壘員同時站在一個壘上。

罰則：被迫進壘後位跑壘員擁有壘位，自由進壘前位跑壘員擁有壘位。

（12）暫停後跑壘員互換壘位。申訴局面，站錯位的跑壘員都出局。

（13）指導區的教練員吸引守方傳球。

（14）指導區的教練員和預備擊球員妨礙接擊出的界內高飛球時，判離本壘最近的跑壘員出局。

（15）跑壘員意欲得分時，沒有在界外區域穿越得分線，而是觸踏本壘板或在界內區域跨越本壘板。

（16）跑壘員超越三壘返壘限制線，沒有跑向本壘又返回三壘；或在尚未穿越得分線之前，守場員已持球觸本壘板時。

5. 以下情況，裁判員可給予跑壘員安全進一個壘或多個壘

（1）擊出的球彈過、滾出、穿過圍網進入比賽無效區時。

（2）擊出的球碰觸防守隊員或裁判員進入無效區時。

罰則：以上情況死球局面，所有跑壘員、擊球員從擊球時所占的壘位進2個壘。

（3）當跑壘員被阻擋時。

罰則：當跑壘員被阻擋時，屬延遲死球局面。裁判員待攻守行為結束後，判受阻擋的跑壘員及其他受影響的跑壘員按裁判員的判斷，安全進至若無阻擋所能到達的壘位。

（4）當場外人員進入場地且妨礙時。

罰則：屬延遲死球局面。跑壘員至少進一個壘位，直到進入裁判員認為若無阻擋發生所應到達的壘位。

（5）擊出的界內球或傳出的球被守場員用脫離身體正常位置的帽子、球衣碰觸或接住時，判罰如下：

● 如是擊出的界內球，判所有跑壘員及擊跑員安全進 3 個壘，進壘數由擊球時算起。

例外：如果裁判員認為這個界內球未被不合法觸及或接住有可能越出外場圍網時，可判為全壘打。

● 如是傳出的球，判所有跑壘員及擊跑員安全進 2 個壘，進壘數由傳球時算起。

（6）當擊出界內高飛球時，具體情形如下：

直接飛越全壘打線（圍網）。

直接碰觸防守隊員的手指、身體或圍網頂端，再彈出界內全壘打線（圍網）。

直接碰觸高於全壘打圍網的標誌杆。

罰則：以上情況死球局面，所有跑壘員進本壘。

（十）妨礙與阻擋

1. 妨　礙

妨礙是進攻影響防守，必有三種情況：

（1）死球局面。

（2）其他跑壘員回到妨礙發生時所占的壘位。

（3）妨礙可以是擊球員、跑壘員、教練員、預備擊球員、觀眾等。

罰則：妨礙一旦發生，判死球、妨礙、出局。

注：裁判員妨礙屬繼續比賽局面。

2. 阻 擋

阻擋是防守影響進攻，下列行為屬阻擋：

（1）正在被傳殺或不是正在被傳殺的跑壘員被阻擋。

（2）連續進壘時被阻擋。

（3）防守方阻擋擊球員擊球。

（4）防守隊員如是以下情形，即「未持球」「不是正在接擊出的球」「假觸殺」「持球在手，但為把跑壘員殺出局，將其推離壘位」「持球在手，但無觸殺動作，故意阻擋跑壘員或擊跑員的合法跑壘」，則應予處罰。

罰則：以上阻擋行為發生時，屬延遲死球和繼續比賽，待攻守結束時，判受阻擋的跑壘員和其他受影響的跑壘員，依裁判員的判斷，安全進至若無阻擋所能到達的壘位。如有「假觸殺」動作，裁判員認為有正當理由，可將做「假觸殺」動作的防守隊員「罰離場」。

(十一)申訴局面

申訴局面是指當守隊隊員或教練員沒有提出要求前，裁判員不能預先做出判決的局面。申訴的形式、申訴的局面種類和申訴不再受理的情形如下：

1. 申訴的形式

申訴形式有傳球封殺、持球觸殺和口頭申訴。

2. 申訴的局面種類

以下情況，可以提出申訴：

（1）擊球員擊球順序錯誤時。此項須以口頭申訴方式提

出。

（2）跑壘員觸及一、二、三壘後，沒有立刻回到壘上且有向下一壘進壘意圖時。此項，防守隊員須以持球觸殺跑壘員的方式提出申訴。

（3）在進壘或返壘時漏踏壘包時。此項，防守隊員須以持球觸及跑壘員漏踏壘的方式提出申訴。

（4）暫停後跑壘員互相換位。此項，須以口頭申訴方式提出。

（5）不合法再進場。此項，須以口頭申訴方式提出。

（6）不合法替補。此項，須以口頭申訴方式提出。

（7）換人未通知裁判。此項，須以口頭申訴方式提出。

3. 申訴不再受理

申訴不再受理的情形如下：

（1）攻守行為結束，下一擊球員已完成擊球任務或已被判一擊。

（2）守隊的所有隊員都已離開界內地區時。

（3）比賽結束，所有裁判員離開比賽場地。

(十二)死球和繼續比賽

1. 死　球

死球指比賽處於暫時停止的狀態。遇下列情況，為死球：

（1）當裁判員宣佈擊球無效時。

（2）當裁判員宣佈擊球犯規時。

（3）當裁判員宣佈妨礙防守時。

（4）當裁判員宣佈影響擊球時（延遲死球局面）。

（5）當裁判員宣佈阻擋跑壘時（延遲死球局面）。

（6）當裁判員宣佈跑壘員離壘過早而出局時。

（7）當裁判員宣佈界外球或界外騰空球沒有接住時。

（8）當騰空球被直接接住時。

（9）因球越出規定的比賽場地時。

（10）當裁判員宣佈比賽「暫停」時。

（11）當裁判員宣佈「球被阻擋」時。

（12）比賽進行中，場外人員影響比賽時。

注：死球時，局面不同判法不同。如判死球時的判法有擊球員重新擊球、跑壘員回原壘位、跑壘員出局和延遲死球等。

2. 繼續比賽

繼續比賽指比賽處於合法的繼續進行的狀態。遇以下情況，繼續比賽：

（1）司球裁判員宣佈比賽開始之後，比賽正在進行時。

（2）傳球失誤，但球仍在比賽有效區內時。

（3）界內球擊中裁判員或傳出的球觸及裁判員時。

（4）界內球碰觸內野手後觸及跑壘員時。

（5）當後位跑壘員超越前位跑壘員而被判出局時。

（6）跑壘員在跑壘過程中將壘包碰離原來的壘位時。

（7）跑壘員被觸殺或封殺出局時。

（8）傳球碰觸進攻隊員時。

（9）傳出的球意外碰觸跑壘指導員時。

（10）跑壘員按正常的順序向前或向回跑，為避免防守隊員持球觸殺而跑離壘線兩側0.91公尺的限制道時。

（11）當跑壘員因被其他非跑壘員協助而被判出局時。

（12）當跑壘員放棄進下一個壘，而進入隊員席或離開比賽場地被判出局時。

（13）不是正在被傳殺的跑壘員被阻擋時，比賽繼續，直到該攻守行為結束。

（14）除了死球之外的其他所有局面。

(十三)抗　議

抗議指標對裁判員執行規則有爭議的行為。只有主教練才能提出抗議，其他人無權向裁判員提出抗議和改判要求。一般情況下，賽後不接受比賽獲勝一方的書面抗議。

1.裁判員可接受的抗議

（1）執行規則錯誤。

（2）運動員資格問題。

2.裁判員不接受的抗議

（1）擊出的球是界內球還是界外球。

（2）跑壘員是安全還是出局。

（3）跑壘員有無觸踏壘位。

（4）是否離壘過早。

（5）騰空球是否被合法接住。

（6）有無妨礙行為。

（7）是否為阻擋。

（8）隊員或比賽中的球是否進入比賽無效區、碰觸物體或其他人員。

（9）擊出的球是否直接飛出全壘打線（圍網）。

（10）場地是否適合「繼續比賽」或「恢復比賽」。

（11）任何其他限於裁判員判斷準確性的問題。

3.在抗議情況下的比賽

抗議情況下的比賽指運動隊主教練告知司球裁判，接下來的比賽是在抗議情況下進行。

（1）司球裁判員應通知對方隊教練員和比賽記錄員。

（2）競賽相關人員應記下當時判決的有關情況，為正確的裁決做依據。

4.抗議與申訴提出的時間

抗議與申訴提出的時間是司球裁判宣佈繼續比賽或比賽結束之前；所有防守隊員離開界內地區之前。

隊員資格問題的抗議，任何時間均可提出。

5.正式書面抗議提出的時間

正式書面抗議提出的時間應在本場比賽結束後24小時內，並將書面抗議書交至仲裁委員會。

書面抗議包括如下內容：

第一，比賽日期、時間和地點。

第二，裁判員和記錄員姓名。

第三，裁判員所做的判決以及做出判決的有關情況。

第四，抗議所依據的競賽規程或規則的章節條文。

第五，有關抗議事件的所有佐證。

6.對抗議的裁決

對抗議的裁決如下：

（1）證明抗議無效，維持比賽結果。

（2）對規則理解錯誤時，應改正判決，從錯誤發生時起重新比賽。

（3）如對運動員資格提出的抗議成立，則判犯規隊「棄權」。

注：未涉及的其他有關比賽規則，可參照中國壘球協會最新版本的《壘球競賽規則》執行。如遇本規則未盡事項，中國壘球協會等有權做出最終裁定。

三、中國與亞洲*、臺灣、美國和加拿大軟式棒壘球競賽規則的部分異同

中國與亞洲*、臺灣、美國和加拿大軟式棒壘球（Tee ball）協會比賽規則的部分異同如表5-1所示。

表5-1　中國與亞洲*、臺灣、美國和加拿大軟式棒壘球競賽規則的部分異同

中國	亞洲*	台灣	美國和加拿大
1. 上場比賽9人，投手為自由人。	1. 上場比賽10人，其中2個游擊手，4個外野手。	1. 上場9人或與亞洲同。	1. 上場9人。
2. 擊球員在調整好擊球座高度後5秒之內必須擊球，違者判一擊。	2. 主裁判宣佈比賽開始10秒內擊球員必須擊球，違者判一擊。	2. 與亞洲同。	
3. 不可滑壘。	3. 可以滑壘。	3. 不可滑壘。	3. 可以滑壘。
4. 高飛球接殺後，死球局面跑者必須回原壘。	4. 高飛球接殺後跑壘員可離壘跑壘，繼續比賽。	4. 與亞洲同。	4. 與亞洲同。
5. 比賽採用5局制，60分鐘。	5. 小學組每場比賽通常25分鐘或兩輪攻防。	5. 比賽6局或7局50分鐘。	5. 7局。

亞洲＊：指亞洲Tee ball協會組織的賽事。

（續表）

中國	亞洲*	台灣	美國和加拿大
6. 棄權判0：15負。	6. 棄權判0：1負。	6. 棄權判0：6負。	
7. 得分穿越得分線。	7. 得分踩本壘。	7. 同大陸或同亞洲。	7. 與亞洲同。
8. 可觸殺。	8. 可觸殺。	8. 不可觸殺。	8. 可觸殺。
9. 離本壘5公尺界內球繼續比賽。	9. 離本壘5公尺界內球判界外球一擊，死球。	9. 同亞洲。	9. 同亞洲。

來源：中國壘球協會網站；亞洲*、臺灣、美國和加拿大Tee ball協會網站；百度網站。

亞洲*：指亞洲Tee ball協會組織的賽事。

四、中國軟式棒壘球錦標賽競賽規程簡介

2016年全國軟式棒壘球錦標賽競賽規程中對主辦單位、競賽分組、競賽年齡和相關規則的規定簡介如下。

(一)主辦單位

2016年全國軟式棒壘球錦標賽主辦單位為國家體育總局手曲棒壘球運動管理中心、中國壘球協會、中國教育學會體育與衛生分會。

(二)競賽分組與年齡

1.競賽分組

競賽分組設實驗學校與實驗基地徒手組、手套組（即戴手套打T座）及慢投組（即戴手套無T座，慢投投法）三個大組。具體分組如下：

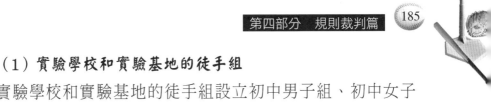

（1）實驗學校和實驗基地的徒手組

實驗學校和實驗基地的徒手組設立初中男子組、初中女子組、小學Ａ組（5～6年級）、小學Ｂ組（3～4年級）和小學Ｃ組（1～2年級）。

（2）戴手套組

戴手套組設立初中男子組、初中女子組和小學5～6年級組。

（3）慢投組

慢投組採用慢投投法，戴手套和無Ｔ座。設立初中男子組、初中女子組、高中男子組、高中女子組。

2. 競賽年齡

小學1～2年級參賽隊員須為2007年9月1日以後出生的在校小學生。

小學3～4年級參賽隊員須為2005年9月1日以後出生的在校小學生。

小學5～6年級參賽隊員須為2003年9月1日以後出生的在校小學生。

初中男、女參賽隊員須為2000年9月1日以後出生的在校初中生。

高中男、女參賽隊員須為1997年9月1日以後出生的在校高中生或中職院校在校學生。

參賽年齡和組別認定依據為參賽隊員年齡和就讀年級應同時符合上述規定，年齡以身份證為準，就讀年級以學籍卡或有學籍號的在校證明為準。認定年級時，隊員可認定為本年度所跨兩個年級的任何一個年級，即既可認定為上半年所在年級，也可認定為下半年將要升學進入的年級。如涉及轉學，則以上半年所在年

級為準。

如隊員年齡和就讀年級不能同時符合上述規定，則不得報名參賽。

(三)其他有關規定和要求

1. 參賽單位、參賽隊員和報名規定

參加實驗學校組比賽的隊伍，全體隊員須來自同一所學校。實驗基地組參賽隊伍的隊員，可來自本基地同一所學校或多所學校（如來自同一所學校則可在獲獎證書中寫明該基地和該校校名，如來自多所學校則只寫明該基地）。每名學生只能報名參加一支隊伍，每支參賽隊伍只能報名參加一個組別的比賽，不得重複報名。

2. 小學組性別要求

小學組上場比賽的9名運動員中，任一性別不得少於3名，否則不得參賽。如小學為專屬男校或女校，則須提前上報組委會批准參賽。

3. 報名參賽人數

每隊報名參賽人數，運動員限報15人，教練員3人（主教練須具備中國壘球協會認證的軟式棒壘球C級及以上教練員資質），領隊1人，醫生或工作人員1人。

4. 參賽運動員資格審驗

參賽運動員報名時須攜帶二代身份證原件、學籍卡或在校證明，到賽區交組委會審驗。

凡曾報名參加全國少年兒童壘球錦標賽或全國青少年棒球AAA組、AA組、A組錦標賽的運動員不得參加此項比賽。如有違反上述規定的運動隊，一經查實，取消其比賽資格，違規球隊

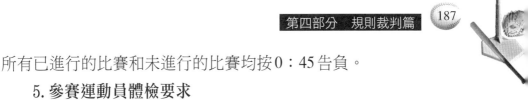

所有已進行的比賽和未進行的比賽均按0：45告負。

5.參賽運動員體檢要求

參賽運動員報到時須持有縣級以上正規醫院出具的無重大疾病（如心臟病等）的體檢合格證明。

(四)競賽辦法

1.賽 制

（1）各小組賽制和名次產生辦法由組委會根據報名情況確定。

（2）如某小組參賽隊伍過少，則由組委會安排與年齡相仿的小組合併比賽，分開錄取名次。

（3）每場比賽為5局或60分鐘，超過55分鐘未賽完5局的，當局賽完則比賽結束。

（4）在無須決定勝負的比賽中，最後一局終了，雙方得分相同時，按平局計算。

（5）棄權隊伍判定為0：45告負。

（6）慢投組賽制及規則另行通知。

2.競賽規則

軟式棒壘球競賽規則採用中國壘球協會修訂的2016版《軟式棒壘球規則（試行）》。

3.競賽積分和名次產生辦法

（1）循環賽勝一場得2分，平一場得1分，負一場得0分，積分多者名次列前。

（2）如比賽中某隊在3局領先19分（含），4局領先10分（含），比賽即時結束。

（3）循環賽中如遇兩隊或兩隊以上積分相等，按下列辦法決定名次：

如兩隊積分相等，則依據相互間勝負決定名次，勝者名次列前；如兩隊之間比賽為平局，則依據全部比賽失分多少決定名次，失分少者名次列前；如仍相等，則依據全部比賽殘壘數決定名次，殘壘數多者名次列前；如仍相等，抽籤決定名次。

如兩隊以上積分相等，則依據相互間失分多少決定名次，失分少者名次列前；如仍相等，則依據全部比賽失分多少決定名次，失分少者名次列前；如仍相等，則依據全部比賽殘壘數決定名次，殘壘數多者名次列前；如仍相等，抽籤決定名次。

比賽中，如因天氣等特殊情況，不能按預定賽程完成全部比賽，已完成的比賽成績有效。組委會有權根據情況決定後續比賽辦法和名次產生方法。

4. 比賽服裝

（1）各隊必須準備2套顏色不同的棒壘球比賽服，並在報名單上注明號碼顏色。上場比賽服裝必須統一，上衣印有明顯號碼，高度不小於15公分。

（2）比賽時，運動員必須穿運動鞋或膠釘鞋。禁止穿鋼（鐵）釘鞋。

（3）跑壘指導員須統一穿棒壘球服裝，並與對方服裝有明顯區別。

(五)比賽錄取名次和獎勵

1. 團體獎

（1）各小組錄取前8名並頒發證書，前3名頒發獎盃。不足

8隊按實際參賽隊數錄取。

（2）設一、二、三等獎，第1～4名一等獎、5～8名二等獎、9～12名三等獎，並頒發證書。

（3）最佳實驗基地獎6名。

（4）最佳實驗學校獎6名。

（5）優秀團隊獎15名。

2. 個人獎項

（1）**最佳教練員獎**

獲得各組一等獎（1～4名）隊伍的主教練。

（2）**優秀教練員獎**

獲得各組二、三等獎（5～12名）的主教練。獲得一等獎（1～4名）隊伍的助理教練（每隊不超過2人）。

（3）**安打獎**

每個小組前4名隊伍，每隊1名。

（4）**全壘打獎**

每個小組不超過3名。

（5）**優秀運動員獎**

每隊1名。

(六)參賽經費、保險

1. 參賽各隊差旅費、醫療費等相關費用自理。

2. 各隊報名費1000元，報到時一次性繳納。

3. 參賽費150元（人民幣）／人／天（用於住宿、伙食、場地、服務保障等），超編人員200元／人／天，報到時一次性繳納，比賽期間一律不辦理退夥退宿。

4.賽事組委會為所有參賽人員購買團體人身意外傷害險（有限期限為比賽期間，最高賠付人民幣10萬元）。

(七)比賽紀律和申訴要求

1.為了端正賽風，嚴肅賽場紀律，保證公平競爭，文明、乾淨地比賽，各代表隊和全體裁判人員必須嚴格遵守中國壘球協會和賽區的各項規定，認真比賽，公正執法；嚴禁無故棄權、打假球，如發生上述情況，將按照國家體育總局相關規定進行嚴肅處理。

2.在比賽中若某隊提出抗議，為避免延誤整體比賽進程，裁判員有權要求比賽在抗議的情況下繼續。比賽結束後，提出抗議隊伍的主教練須在《成績確認單》上簽名確認比賽結果，注明比賽結束的時間，寫明提出抗議。

3.凡提出抗議的隊伍必須在提出抗議後30分鐘或在抗議的情況下比賽結束後30分鐘內向仲裁委員會提交經領隊簽字的《抗議報告書》和人民幣3000元抗議費，由仲裁委員會裁決，如勝訴將抗議費原數退還，如敗訴則不予退還。

4.仲裁委員會在接到隊伍抗議後，可隨時詢問或調查有關隊伍和運動員。被仲裁委員會詢問或調查的代表隊和運動員必須無條件予以配合。有意回避或拒不接受詢問或調查的，組委會有權取消有關隊伍或運動員的比賽成績，並根據情節給予進一步處理。

注：以上競賽規程相關內容源自中國壘球協會網站，供參考學習。

第六章 基本裁判法

【學習提要】

學習本章的主要目的是瞭解裁判法的基本概念、定義、術語和裁判基本通則。基本掌握裁判員常用手勢和口令，知道三人裁判制的站法、移位和配合。

第一節 裁判員常用術語

軟式棒壘球裁判法中的裁判員常用術語如下。

● **裁判員**：指在比賽中擔任和執行競賽規則、規程的人員。裁判員在軟式棒壘球比賽中有權評定參賽單位名次、成績和個人技術獎項等。重要比賽需設有裁判長、副裁判長、司球裁判員、司壘裁判員、邊線裁判員等。國際和國內裁判員（含記錄員）技術等級分為國際級、國家級、一級、二級、三級。

● **裁判員的判定**：是指在比賽中裁判員根據判斷所做出的決定。

注：裁判員的判定沒有抗議的餘地。但裁判員運用規則所做出的錯誤裁決不在此限。

● **安全**：裁判員對跑壘員合法取得佔有壘位的判定叫「安全」。

● **中止比賽**：不論任何理由，經司球裁判員宣佈中止的比賽叫「中止比賽」。

● **連賽兩場**：按賽程一日內連續進行兩場比賽叫「連賽兩

場」。此賽程可能是原定賽程或臨時修訂安排的賽程。

● **棄權比賽**：由於一方違反規則，經司球裁判員宣判另一方以15：0獲勝而結束的比賽叫「棄權比賽」。

● **改期續賽**：裁判員因故宣佈提前中止比賽並另行定期繼續將其賽完的比賽叫「改期續賽」。

● **平局比賽**：經司球裁判員宣佈兩隊得分相等而結束的有效比賽叫「平局比賽」。

● **比賽開始或繼續比賽**：司球裁判員宣佈比賽開始或遇死球局面時宣佈恢復比賽口令。

● **暫停**：裁判員按規定暫時中斷比賽時所宣佈的口令，此時場上成死球局面。

● **裁判員的身體**：指裁判員的身體、衣服及用具的任何部分。

第二節　裁判通則

裁判員代表競賽主辦單位主持某一場比賽，受權執行規則的所有條款。裁判員有權指令運動員、教練員、隊長或領隊採取或不採取某一行動，並執行有關規則及罰則；當發生規則中未說明的情況時，司球裁判員有權做出決定。

軟式棒壘球裁判通則如下。

一、裁判員守則

1. 裁判員不應是任何一方的成員，例如運動員、教練員、領隊、官員、記錄員或贊助者等。

2. 裁判員須明確比賽日期、時間和地點，並應在賽前30分鐘到場，準時開始比賽，並在比賽結束後離場。

3. 裁判員不得佩戴暴露會反光的首飾。

4. 裁判員應檢查場地和設備，並向雙方隊長和教練員說明該場地特定規則。

5. 在比賽結束前，每個裁判員都有權處理在比賽進行中和暫停時間內所發生的任何犯規行為。

6. 裁判員不得超越規則所規定的各自職權範圍，也無權改變另一裁判員的判決。

7. 裁判員可以向其他裁判員徵詢意見，但最終判決須由當值裁判員自己做出。

8. 裁判員處罰違反規則的球隊時，不能使之有利。

9. 除「申訴」外，裁判員不必等待，只需根據規則即可判擊球員或跑壘員「出局」。

注：跑壘員因漏踏壘位、擊球次序錯誤、不合法替補、不合法再進場、替換隊員未通知裁判、互換壘位的跑壘員或越過一壘後企圖進二壘等，裁判員須待「申訴」後，才可宣判有關隊員「出局」。

10. 隊員使用侮辱性語言或其他不道德的行為對待對方隊員、官員或觀眾時，裁判員可將其「罰出場」或「罰離場」。

11. 領隊、教練員或官員使用侮辱性語言或其他不道德的行為對待對方隊員、官員或觀眾時，裁判員對其第一次予以警告，再犯時或裁判員認為第一次犯規嚴重時，可「罰離場」。

二、裁判員權力和職責

(一)司球裁判員

1. 司球裁判員應全面負責比賽的正常進行。

2. 司球裁判員在司壘裁判員的配合下，判定出局與否、擊出界內球還是界外球、合法或不合法接球。比賽進行中，當司壘裁判員需要離開內場時，司球裁判員應承擔該壘的職責。

3. 司球裁判的判定與判決

（1）擊球員是否違規擊球。

（2）擊出的球是否觸及擊球員的身體或衣服。

（3）決定某隊是否棄權。

（4）根據裁判員手冊的規定，對壘上的活動做出判決。

（5）在一人制裁判時對比賽負全部責任。

(二)司壘裁判員

1. 按裁判員手冊的規定在場上站位。

2. 以各種方式協助司球裁判員執行比賽規則。

(三)裁判員的判決

1. 除非裁判員執行規則錯誤，否則對裁判員任何有關判斷的正確與否，都不得提出異議，已做出的判決也不得改判。

2. 如果教練員或運動員根據規則條文要求裁判員改判時，若該裁判員有疑義，應在做出決定前與其他裁判員進行商量。

注：在下一局開始之後，或所有的防守隊員都已離開界內地

區後，不得再改判。

第三節　裁判員常用手勢和口令

軟式棒壘球比賽裁判員常用手勢和口令有擊數、界外球、暫停、全壘打、安全、出局等。如有投手投球，還要有投球數、投手犯規等手勢與口令。以下是裁判員常用手勢和口令。

一、界外球和界內球

裁判員判界外球的手勢為雙手上舉，如圖6-1①所示，口令為「Foul ball」；界內球的手勢為指向界內重複伸臂，如圖6-1②所示，口令為「Fair ball」。

圖6-1　判界外球和界內球手勢

二、暫　停

裁判員判暫停手勢如圖6-2所示，口令為「Time」。所有裁判員要雙手上舉。

圖6-2　暫停手勢（與判界外球同）

三、全壘打

全壘打手勢如圖6-3所示，口令為「Home run」。所有裁判員做出同樣手勢。

四、一　擊

司球裁判員判一擊的手勢如圖6-4所示，口令為「Strike」。右臂和食指側伸或右臂上舉。此手勢用於有投手投球的比賽。

圖6-3　全壘打手勢

圖6-4　司球裁判員判「一擊」手勢

五、擊球員出局

司球裁判員判擊球員出局的手勢如圖6-5所示，口令為「Strike，Out」。根據左擊球者或右擊球者做出反方向出局手

圖6-5　司球裁判員判擊球員出局手勢

勢。出局手勢也有用右手握拳上舉過肩的。

六、擊球員出局的連續動作

司球裁判員判擊球員出局的連續動作如圖6-6和圖6-7所示，口令為「Strike，Out」。根據左擊球者或右擊球者做出反方向出局手勢。此連續動作適用於競技比賽。

圖6-6　司球裁判員判擊球員出局的連續動作

圖6-7　司球裁判判擊球員出局的連續動作

七、安　全

司壘裁判員判安全的手勢如圖6-8所示，口令為「Safe」。兩臂側平舉，掌心向下。

圖6-8　司壘裁判員判安全的手勢

八、出　局

司球裁判員判擊球員出局手勢如圖6-9所示，口令為「Strike，Out」。此手勢在軟式棒壘球比賽或壘球比賽中常用。

九、司球裁判員判球的準備姿勢

司球裁判員判球的準備姿勢如圖6-10所示。用於有投手投球的比賽。

圖6-9　司球裁判員判擊　　圖6-10　司球裁判員　　圖6-11　司球裁判員宣佈
　　　球員出局手勢　　　　　　　判球的準備　　　　　　比賽開始或繼續
　　　　　　　　　　　　　　　　姿勢　　　　　　　　　比賽的手勢

十、比賽開始和繼續比賽

司球裁判員宣佈比賽開始或繼續比賽的手勢如圖6-11所示，口令為「Play ball」或「Ball」。此動作與延遲死球局面動作相似。

十一、特別說明

(一)司壘裁判員在邊線的站法

一壘裁判員在邊線的站法如圖6-12所示。

圖6-12 一壘裁判員在
邊線的站法

圖6-13 裁判員左、右手指
表示不同的含義

(二)裁判員左手指和右手指表示的含義（投手投球時）

司球裁判員左手手指數表示投球的壞球數，右手手指數表示擊球次數（圖6-13）。左手持計球器，用眼睛餘光看球數和擊數即可，不宜低頭觀看計球器。

第四節　裁判員站位、移位和配合

本節以案例圖解簡述三人裁判制的裁判員的站位、移位和配合。三人裁判制的原則是主裁判兼顧一、三壘；一壘裁判兼顧二、本壘；三壘裁判兼顧二壘。

本節內容僅供學生課外學習參考。

一、壘上無人時，三名裁判員的站位

壘上無人時，三名裁判員的站位如圖6-14所示。與唯有三壘有人時的站位基本相同。

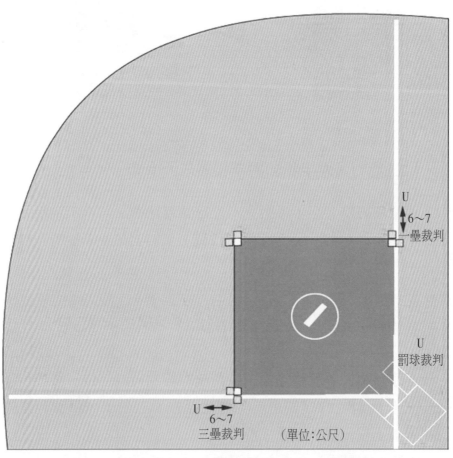

圖6-14　壘上無人時三名裁判員的站位（U：裁判員）

二、一壘有人時，三名裁判員的站位

　　一壘有人時，三名裁判員的站位如圖6–15所示。一壘裁判稍前移。

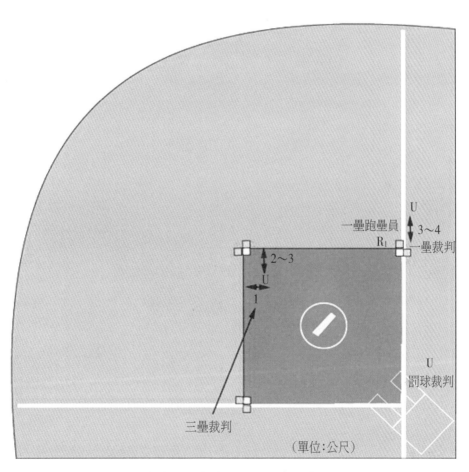

一壘跑壘員

U

3～4

R₁　一壘裁判

2～3

U

1

U

罰球裁判

三壘裁判

（單位：公尺）

圖6–15　　一壘有人時三名裁判員的站位（U：裁判員。R：跑壘員）

三、其他壘有人時，三名裁判員的站位

二壘有人或其他壘有人時，三名裁判員站位如圖6–16所示。

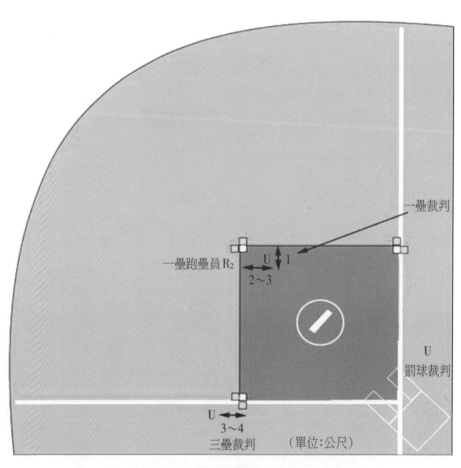

圖6–16　　二壘有人或其他壘有人時三名裁判員的站位
（U：裁判員。R：跑壘員）

四、壘上無人，擊球員擊出二壘安打時裁判員的移位 與配合

裁判員的移位方法如圖6-17所示。要求一壘裁判員跑到一壘後方看擊跑員是否踩壘，並緊跟跑壘員上二壘觀測局面。三壘裁判前移。

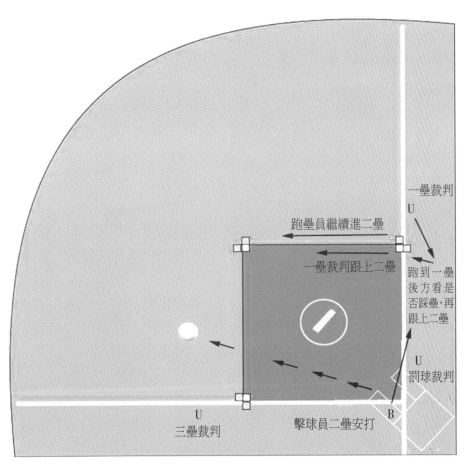

圖6-17　壘上無人，擊球員擊出二壘安打時裁判員移位方法
（U：裁判員。R：跑壘員）

五、壘上無人，擊球員擊出7號位高飛球一壘安打，裁判員的移位與配合

壘上無人，擊球員擊出7號高飛球一壘安打，裁判員的移位方法如圖6-18所示。要求三壘裁判員跑到外野觀測防守員是否接住球，如安打則回二壘觀察局面。一壘裁判員前移觀察擊跑員是否踩壘。

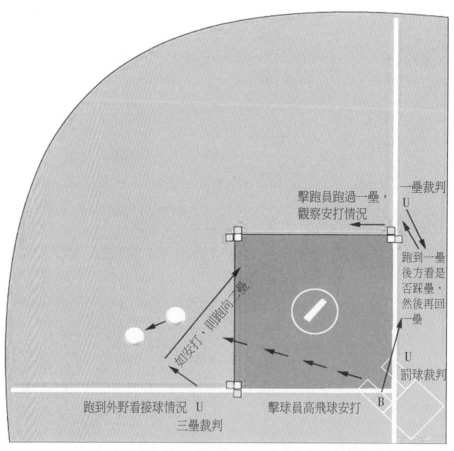

圖6-18　壘上無人，擊球員擊出7號位高飛球一壘安打時裁判員的移位方法
（U：裁判員。B：擊球員）

第五部分
素質拓展篇

第七章　拓展訓練

【學習提要】

　　軟式棒壘球拓展訓練的內容豐富，形式多樣，寓意深刻，極具智慧性、挑戰性和趣味性，是現代人全新有效的學習方法和訓練方式的重要載體和高端平臺。

第一節　拓展訓練的概念、定義和特點

一、拓展訓練的起源

　　在第二次世界大戰期間，英國的商務船隻在大西洋裡屢遭德國潛艇的襲擊，許多缺乏經驗的年輕海員葬身海底，針對這種情況，漢思等人創辦了「阿伯德威海上學校」，訓練年輕海員在海上的生存能力和船隻觸礁後的生存技巧，使他們的身體和意志都得到鍛鍊。

　　第二次世界大戰結束後，許多人認為這種訓練仍然可以保留。於是拓展訓練的獨特創意和訓練方式逐漸被推廣開來，訓練對象也由最初的海員擴展到軍人、學生、工商業人員等各類群體。訓練目標也由單純的體能、生存訓練擴展到素質教育訓練、心理訓練、人格訓練、管理訓練等。

二、拓展的概念

拓展的原意是開拓、擴展。是指對某事物的延伸、擴大和體現積極向上之意。

目前在國內學校學生素質拓展教育、公務員執政能力培養、軍人及員警心理行為訓練、問題青少年心理修復、社區及婚姻家庭構建等方面都有應用。目前棒球拓展活動在北京、江蘇、上海等開展較好。

三、軟式棒壘球拓展訓練的定義

軟式棒壘球拓展訓練是以棒壘球技術為原理和棒壘球運動內涵為特徵，以培養團隊合作意識、進取精神、娛樂育智、舒緩壓力等為宗旨，充分利用各種資源並融入科技手段，運用獨特的情景設計，體驗棒壘球戶外獨特的創新創意項目，培養參與者具有積極進取的人生態度、團隊合作的精神，展現個人潛能及心智謀略的模式，以期完善參與者行為達到追求美好生活目標和提高現代生活品質願望的訓練方式。

它是一種全新的棒壘球體驗式學習方法和訓練方式，適合於當今人類、現代學校和社會企業組織運用。

四、軟式棒壘球拓展訓練的目標

軟式棒壘球拓展訓練的目標是提高學生認識自身潛能、增強自信心、磨鍊意志、挑戰自我、認識團隊作用、改善自身形象與人際關係、克服人的惰性、啟迪想像力與創造力和提高解決問題的能力，學會關心他人與增進情誼，更好地融入群體合作。感受

跨越體能技能、心理承受的極限與積極進取的態度和團隊協作的過程，體驗人生樂趣和獲得滿足感。

五、軟式棒壘球拓展訓練的內容、類型和特點

軟式棒壘球拓展訓練的內容類別型特點如下：

(一)全身心投入

軟式棒壘球拓展訓練項目主要以體能、技能活動為引導，引發出認知活動、情感活動、意志活動和交往活動，有明確的操作過程，要求學生全身心地投入和高度集中思想才能獲得最大價值。例如擊發球機球、擊投手球、投球準確率、傳球準確率、平衡木上的投球和揮棒訓練等。

(二)挑戰極限

軟式棒壘球拓展訓練的項目都具有一定的難度，例如，投球的最快球速、跑壘速度、擊球遠度和棒壘球擲遠等。這些都表現在心理、技能、體能等綜合考驗上，需要學生向自己的能力極限挑戰，跨越「極限」。

(三)團隊中展現個性

軟式棒壘球拓展訓練實行分組活動，強調團隊合作。力圖使每一名學生都竭盡全力為團隊爭取榮譽，從團隊中吸取巨大的力量和信心，在團隊中顯示個性，展現自我。

例如，接力傳球、分組競技、比賽中的擊球、接力跑壘、壘間傳接球等。

(四)自我教育

教練員只是在課前把課程的內容、目的、要求以及必要的安全注意事項向學生講清楚，活動中一般不進行講述，也不參與討論，充分尊重學員的主體地位和主觀能動性。如拋擊、接高飛球等。即使在課後的總結中，教師或教練員也只是點到為止，主要讓學員自己來講，達到自我教育的目的。

(五)體驗滿足感

在克服困難順利完成訓練項目要求以後，學生能夠體會到發自內心的勝利感和自豪感，獲得人生難得的高峰體驗和最大滿足感。

第二節　拓展訓練的教學設計

一、軟式棒壘球素質拓展訓練項目

(一)擊球類

1.擊軟式發球機球

挑戰者使用軟棒揮擊發球機發射出來的軟球（圖7-1），球速在50～80公里／小時。拓展訓練名稱有「擊球王」「一棒成名」等。

2.擊投手球

挑戰者使用軟棒揮擊投手投出來的直線軟球（圖7-2），球速在

圖7-1　擊發球機發射出來的球

圖7-2　擊投手球

50～80公里／小時。拓展訓練名稱有「一棒成王」「安打王」等
（為增加難度可用棒尾擊球）。

3.對網擊球

協助者在距離擋網1～2公尺處拋球給擊球員擊球或快拋擊，
擊球員對著網擊球。拓展訓練名稱「拋擊王」「快拋擊高手」等。

(二)投球類

1.對網投最快球速

挑戰者在標準距離對網投出最快球速。使用測球速儀器。拓展訓練名稱「球速王子」「一球成名」等。

2.對網投準

挑戰者在標準距離對網上的好球區投準（圖7-3），協助者統計好球率。拓展訓練名稱「投準高手」等。

3.單腿站立投球

挑戰者在平衡木上單腿站立徒手投球或對網投球。拓展訓練名稱「單腿站立投球王」。

圖7-3　對網投準連續動作

4. 飛鏢投準

挑戰者在一定距離對著掛在牆上的飛鏢盤球場位置進行飛鏢投準。拓展訓練名稱「棒壘球飛鏢王」。

(三)傳接球類

1. 對網傳準

挑戰者在標準距離對網上好球區傳準，協助者統計好球率。拓展訓練名稱「傳準小英雄」等。此項目可延伸為在一定距離將球投入球筐等。

2. 接傳轉換

挑戰者在一定距離對牆做傳接轉換，協助者統計30秒內的轉換數。拓展訓練名稱「接傳高手」等。

3. 接高飛球

挑戰者在一定距離接教師或教練員以棒打出的高飛球，協助者統計接到球的次數。拓展訓練名稱「高空能手」等。

4. 壘間傳接球

挑戰小組（四個壘位均站一名接傳者）在一定距離用一個球進行壘間傳接，協助者在一定的時間內統計傳接圈數。拓展訓練名稱「壘間影子」等。

5. 接力傳接球

2～4個挑戰小組（每小組約10人）在一定距離內用一個球進行接力傳接球，協助者在一定的時間內統計來回球次數。拓展訓練名稱「接力高手」等。

6. 拋球接力（四角繞圈，下手拋球）

分成若干挑戰組，每組至少8人，成四角形相距5公尺左右

站立（每個角站2人或以上，其中1人持球）。持球人在教師吹哨時開始逆時針用下手拋球，邊跑邊拋向另外一個小組（角）並跑向接球人小組後面站隊，接球人接球後向下一個小組（角）拋球，依此類推。規定繞拋5圈，教師計時，用時短者為勝隊。拓展訓練名稱「小馬識途」等。

7. 接六角反應球

2人一組，分成若干組。一人協助拋球，一人接球（圖7-4和圖7-5）。協助者投拋10次，統計搶點接球成功次數。拓展訓練名稱「搶接反應能手」。

圖7-4　接六角滾地球　　　　圖7-5　接六角一彈球

(四)跑壘競技類

1. 接力跑壘

2個挑戰小組在指定壘位進行全壘跑接力，教師在投手位置協助。拓展訓練名稱「壘上追風」等。

2. 擲球跑壘競技

分成 2 個挑戰小組進行擲球跑壘得分競技（如跑上一壘或二壘算得分），得分多者為勝隊。拓展訓練名稱「小英雄跑壘棒球賽」等。此項目可延伸為「自拋自擊跑壘得分」競技。

二、拓展教學設計案例

軟式棒壘球拓展訓練的內容豐富，形式多樣，寓意深刻，極具智慧性、挑戰性和趣味性。教師可根據以上棒壘球素質拓展訓練專案進行選擇。以下為中小學棒壘球拓展教學設計案例分析，供任課老師參考。

《小英雄跑壘的軟式棒壘球賽》拓展訓練教學設計案例

(一)教學內容

軟式棒壘球學校特色教材小學二年級上學期某單元某課次《小英雄跑壘的棒壘球賽》。

(二)教學課時

1 課時。

(三)教材分析

軟式棒壘球是小學生十分喜愛的一項時尚球類運動，趣味性和遊戲性強，課堂氣氛熱烈，充滿活力，是提高學生健康水準的重要載體和養成終生鍛鍊習慣的好平臺。而且軟式棒壘球非常適合中國人的體質、體型特點，對學生身高沒有要求，只要身心健康都可以參與並有實現夢想的機會。中國大陸和臺灣的少年棒球隊多次取得世界冠軍，他們實現了人生的夢想。少年強則中國

強。目前我國大陸有2000多支少兒棒壘球隊，前景廣闊。

目前每年都有全國兒少軟式棒壘球賽和對外友好交流賽，學生們都非常珍惜機會並希望參加比賽，為學校、為班級爭榮譽，實現人生價值。

本次課拓展的訓練內容主要是以培養學生團隊協作意識和進取向上精神為主。透過個人在跑壘的軟式棒壘球賽遊戲中，培養學生挑戰自我，展現個人潛能和責任感、榮譽感。同時在《小英雄跑壘的軟式棒壘球賽》拓展遊戲中回顧所學知識，並透過運用所學的初級技術技能瞭解比賽規則。透過此遊戲也可活躍課堂氣氛，培養師生情感。

(四)教學目標

1. 知識目標

運用所學初級技術技能瞭解比賽規則和初步具有攻防意識。

2. 能力目標

透過擲球跑壘或自拋自擊、進壘等進攻方式，逐步提高傳球（或擊球）、跑壘技術、得分意識和防守配合能力。

3. 情感目標

透過本課拓展活動活躍課堂氣氛，展現軟式棒壘球運動的魅力。培養師生、生生情感，引導學生關注和喜歡軟式棒壘球運動，逐步具有運動特長，更加熱愛體育活動和養成終生鍛鍊習慣。

(五)教學重點

通過《小英雄跑壘的軟式棒壘球賽》拓展訓練遊戲，正確運

用擲（傳）球或擊球、跑壘與踏壘進攻技術，強化得分意識，提高局部簡易防守配合能力。

(六)教學難點

擲（傳）球或擊球的遠度、落點位置（守方接不到球的區域）和局部防守配合意識。

(七)教　具

橡膠壘墊1套、軟棒每人1支、軟球50～100個。使用手套。

(八)組織形式

分2組競技。根據教學班級人數可分3～4組輪換競技，每組10～15人。教師擔任裁判員，採用1～2人裁判制。

(九)教學方法

進攻方手持軟球（圖7–6）或持軟棒自拋自擊（圖7–7），站在本壘處向場內擲（傳）球後跑壘，儘量將球擲傳遠一些或落在守方接不到球的區域，便於安全上壘和得分（本次課進攻方跑到二壘算得分）。

防守方儘量接住擊球員擲傳出的高飛球（落地前）或接住滾地球封殺一壘或二壘跑壘員使其出局。進攻方3人出局後交換攻守。競技遊戲結束後教師統計雙方得分，得分多者為勝方。

如條件許可，儘量戴手套防守。為提高難度可用棒柄擊球（見圖7–7的右圖）。

圖7-6 向場內三角地帶擲球跑壘

圖7-7 用軟棒自拋自擊

(十)教學主要過程

1. 教師宣佈《小英雄跑壘的軟式棒壘球賽》拓展訓練遊戲規則、學生分組的隊名與名單和各組值日隊長。

2. 常規熱身。

3.《小英雄跑壘的軟式棒壘球賽》拓展訓練競技遊戲前，教師與學生問答內容如下：

（1）師：同學們，你們喜歡運動嗎？

生：喜歡。

師：你們為什麼喜歡軟式棒壘球運動呢？

生：好玩，對鍛鍊、學習好。拿起球棒、穿上棒壘球服像小英雄，很時尚。

師：今天請哪幾位同學原地徒手做軟式棒壘球傳球動作或擊球動作和跑壘動作呢？同學們都喜歡展現自我，可是我們班這麼多的同學，老師不能一個個都請出來示範，為節省時間，不如同學們一起做出軟式棒壘球擲傳球和跑壘動作，讓老師來看看哪位同學的傳球動作和跑姿更優美，好嗎？（注意：學生們要按老師喊出的1、2、3口令要求原地做出傳球、跑壘動作。）

（2）全班同學按老師喊出的1、2、3口令的順序做出傳球、跑壘動作，即1.分腿引臂；2.傳球；3.原地跑壘。

師：同學們做的動作很優美，希望今天在比賽中展現出你們的風采，團隊合作第一，比賽輸贏第二，好嗎？

生：好。

4. 教師宣佈進攻方的傳球或擊球順序和防守方的位置。教師佈置各組啦啦隊統一加油出聲的內容和方法。即一組進攻方啦啦

隊喊出：安打、安打、得分了！另一組防守啦啦隊出聲：內場加油，外場加油，全場加油。最好讓啦啦隊練習出聲2～3遍，聲音要洪亮有激情，這樣才能感受到啦啦隊的熱情和集體力量。

5. 比賽準備。雙方球隊分別在本壘至一壘的邊線上和本壘至三壘的邊線上列隊，教師在本壘位置宣佈雙方球隊進場、握手和敬禮。教師簡單說明臨場比賽要求。注意要求學生儘量加快攻守交換時間，這樣他們可以多打一局。

6. 比賽開始。防守方快速跑到自己防守的位置。進攻方的擲（傳）球者或擊球者進入擊球區向裁判員敬禮後，開始向場內擲（傳）球和跑壘，爭取多得分。由於軟式棒壘球比賽場面較激烈，氣氛濃厚，教師要注意觀察學生的運動負荷和安全情況。

7. 比賽結束。教師喊出雙方列隊、握手和宣佈比賽結果。參賽隊賽後統一向對方、裁判人員、球迷、場地分別說出謝謝某隊、謝謝裁判、謝謝球迷和謝謝場地，同時鞠躬90度。

8. 整理活動。集體放鬆。

9. 拓展小結

師：同學們，今天我們上了一節特別有意思的軟式棒壘球課，大家初步學會了一場有關軟式棒壘球賽的規則、規矩，名字叫《小英雄跑壘的軟式棒壘球賽》。還鞏固了一些軟式棒壘球技術和技能，感受到了團隊合作、集體情誼、個人責任和軟式棒壘球的禮節禮儀，瞭解了軟式棒壘球啦啦隊的助威方法。現在我想問問大家，怎樣才能贏得比賽的勝利呢？（主要靠團隊力量和個人展現。）

師：不光是軟式棒壘球比賽中選手的團隊配合很重要，我們班也同樣需要同學們團結一心、互相配合、和睦相處才能使我們

班集體成為最優秀、最有凝聚力和最有戰鬥力的集體。讓我們從今天做起，共同努力吧！好！今天的課就上到這兒，讓我們圍成一圈集體說兩次「我愛棒壘球」，最後說「耶」！（手指指向天空。）

第六部分
目標規劃篇

第八章 基本目標規劃

【學習提要】

　　瞭解軟式棒壘球運動特色項目教學任務的總目標和各學年、學期水準目標規劃，處理好單元（模組）目標和課時目標的關係。明確考核內容、考核方法和評價標準。掌握軟式棒壘球運動課程的教學進度和基本教案等。

　　本章主要根據教育部普通學校體育教學大綱和基層小學階段每週一節特色課的要求進行教學目標規劃（本章主要介紹小學軟式棒壘球目標規劃，中學和大學階段可參考本章以便銜接跨年級內容）。學好本章內容對師生明確教學目標、教學難點與重點、知識點和完成棒壘球教學任務有較大裨益。

第一節　教學總目標與人才培養

一、軟式棒壘球運動的教學總目標
（小學階段6年的教學目標）

　　軟式棒壘球運動的教學總目標是以國家教育方針目標、學校體育工作條例、三個面向、學校體育教學目標和兩個強化「體育課與課外鍛鍊」要求等為依據，實施軟式棒壘球運動特色課程規定的教學總目標，是國家教育目的、指導方針、學校育人目標和

學校體育課程方案的具體化。

二、軟式棒壘球運動的人才培養規格、途徑與要求

(一)軟式棒壘球運動的人才培養規格

人才培養規格包括政治思想培養規格、基本業務能力培養規格和本項目具體的專門培養規格等。

本教程重點講述學校軟式棒壘球課程專門培養的通用規格，尤其要重視實踐環節的能力培養。

1.瞭解軟式棒壘球的文化歷史、內涵價值、禮節禮儀、教育功能、鍛鍊價值和鍛鍊方法等。

2.能運用基本技術、簡單戰術組合和基本規則完成比賽或遊戲活動。使大部分學生體驗和參與軟式棒壘球活動，盡情享受軟式棒壘球運動的魅力。部分學生喜歡軟式棒壘球、熱愛軟式棒壘球，而且有一定的技術水準，能代表學校參加各類比賽和拓展訓練活動，為學校和班級爭得榮譽，帶動全校學生人人會玩軟式棒壘球。

3.瞭解國內外軟式棒壘球的交流特點、規矩和要求，具有初步的國際軟式棒壘球視野和國際體育觀念，能參與一般的中外軟式棒壘球交流活動。

4.具備一定的綜合身體素質和人格魅力。在人格鑄造上初步體現軟式棒壘球的核心特徵——「進取、智慧、奉獻、時尚、精準、執行力、團隊與個人展現」等。

5.具有一定的人文素養和欣賞美的能力。具備一定的健康心理和一定的健全人格。

6. 有一定的班級同學間、師生間的交往能力和對學校的適應能力，養成一定的生活學習和鍛鍊的好習慣。

7. 能協助中小學校、俱樂部、訓練營等開展社會軟式棒壘球活動。

(二)軟式棒壘球運動的人才培養途徑

以普通學校軟式棒壘球特色課程為載體和實施課程的各種實踐環節為主，以理論知識學習為輔的培養路徑模式，各種實踐環節能力培養的主要途徑如下：

1. 課內基本技術、簡易戰術組合教學。常用專項體能訓練、熱身操和教練棒簡易打法。

2. 課內裁判手勢、口令運用；裁判簡易中英術語口語實操和簡易記錄法。

3. 課內外素質拓展訓練和實踐。

4. 觀摩或協助組織開展中外軟式棒壘球賽事、對外友好交流賽事。

5. 參加校內外、境外軟式棒壘球培訓班、冬夏令營、訓練營等。

6. 創造條件，參加國內各類軟式棒壘球賽事、校際交流，提高學校軟式棒壘球的知名度和美譽度。建立全校或年級學生棒壘球小小社團、協會，打造全校學生軟式棒壘球品牌聯賽，爭當賽事服務站的志願者等。

第二節　軟式棒壘球運動的目標規劃

一、編制軟式棒壘球運動目標規劃與教學內容的原則

1.編制普通學校軟式棒壘球運動各類各級目標規劃與內容，既要有統一的標準，又要體現階梯式晉級內容、跨年級銜接特點和靈活性、實效性，要互相促進、相輔相成。統一性指課程標準要符合國家教育目的、指導方針和學校培養目標等；靈活性指在統一標準的前提下，允許有適當差異，因人因地制宜，具體內容的選擇和教學手段、方法要靈活運用。

2.承認學生存在個體差異，要滿足不同學生的興趣、能力和需要。因此，制定的目標規劃和水準要適應各個年齡段學生的生長發育、運動知覺發展、肌肉力量與爆發力、耐力、心臟與呼吸系統、興趣能力、機體敏感度等特點和對待體育的態度。學生身心發展在不同年齡段會呈現明顯的階段性和敏感性。同時還要注意各年級、各階段、各單元內容和目標水準的銜接。學生的身心發展是循序漸進、連續不斷的，前階段的發展是後階段的基礎，後階段的發展是前階段的繼續。

3.處理好學生運動負荷、學業、課時、週時等關係和總負擔量。只要合理分配和安排，不但不會增加學生的負擔，反而可調劑學生的身心，提高軟式棒壘球課程和其他課程的教學效果。同時還要考慮場地器材、安全衛生、氣候環境等因素的影響。

4.軟式棒壘球教師教練員既要會教術科，也要能教學科，要體現學校體育教學的現代化。現代化的標準之一是國際化、多樣

化，要適應世界體育教學的發展趨勢和未來發展方向，與時俱進。

5.處理好軟式棒壘球運動普及和提高的關係。有條件的學校，要積極開展軟式棒壘球隊的課餘訓練，提高技術水準，參加各類比賽並爭取獲得佳績，為學校班級爭榮譽，並帶動軟式棒壘球運動特色項目深入發展。

二、各年級目標規劃、教學進度、考核內容與評價標準、單元和課時目標

軟式棒壘球運動的教學目標水準規劃是國家教育目標和學校體育培養目標的具體化，是對一定體育教育階段學生在發展德、智、體、美等方面期望達到的程度。

本節重點介紹基層小學階段各年級階段目標水準的總規劃、學期教學進度案例、考核內容和評價標準案例、單元（模組）教學目標案例、課時教學計畫目標案例。

(一)軟式棒壘球運動小學各年級目標水準的總規劃

小學階段軟式棒壘球運動各年級目標水準的總規劃如表8-1所示。

表8–1　小學階段軟式棒壘球運動各年級目標水準的總規劃

水準	年級	內　　容	目　　標		
			身體素質	技術技能	社會適應
一	一	基本理論知識（室內） 　傳接球技術入門 　防守位置技術入門 　擊球基本技術 　跑壘基本技術 　攻防簡單戰術配合 　競賽規則入門 　熱身鍛鍊方法入門 　素質拓展遊戲 　教學比賽 　參與全校棒壘聯賽 　校外賽事交流活動	1.透過簡易教學手段體驗球感、球棒握感和視覺空間判斷。 2.發展傳接球、擊球時眼手協調配合能力。 3.運用簡易教學方法發展腿部跑速和移動能力（主要兩側）。 4.提高局部協調、反應、靈敏、判斷能力。 5.知道身體主要部位的名稱和感受自己身體的變化。 6.總要求：在快樂遊玩和素質拓展比賽遊戲中，初步體驗跑、投、擊、反應、判斷、靈敏、協調等基本活動和初步提高身體機能，培養學生身體正確的姿勢。有一定的抵抗疾病能力。	1.簡單掌握球的握法和握棒方法。 2.初步掌握肩上屈肘、自然向前方墊一步傳球。知道局部防守位置技術要點和簡易攻防技戰術配合。 3.基本掌握手套先接球和傳球手護球、翻腕取球。注意糾正學生喜歡用傳球手接球的壞習慣。 4.初步學會擊球的向前揮棒、收棒、鬆手放棒。 5.粗略掌握跑各壘方向、踩壘位置。 6.總要求：能粗略運用傳接球、擊球、跑壘等技術，簡單組合戰術配合和簡易規則，完成素質拓展競賽活動。在快樂遊玩中逐步接受軟式棒壘球技戰術玩法和知道身體正確姿勢。	1.從對軟式棒壘球好奇到感覺好玩，到接受軟式棒壘球基本知識和知道簡單概念、定義、新的技戰術、器具名稱。 2.知道軟式棒壘球集體出聲、規矩。團隊和個人活動的區。 3.建立個人與生疏集體友好相處。 4.知道比賽玩法。透過初級競賽、素質拓展活動培養進取精神、對他人尊重、公平和不影響他人活動。 5.總要求：要突顯軟式棒壘球遊戲好玩的特點。粗略知道一些基本常識、概念。能初步運用軟式棒壘球規則、技戰術進行公平競賽。團隊合作逐步融洽並適應陌生集體及外界環境等。

（續表）

水準	年級	內　容	目　標		
			身體素質	技術技能	社會適應
二		基本理論知識（室內） 傳接球技術入門 防守位置技術入門 擊球基本技術 跑壘基本技術 攻防簡單戰術配合 競賽規則入門 熱身鍛鍊方法入門 素質拓展遊戲 教學比賽 參與全校軟式棒壘球聯賽 校外賽事交流活動	1.透過晉級手段，發展傳接球、擊球的眼手協調配合能力。逐步養成思想集中、眼睛始終盯球的習慣 2.發展各種手段揮臂和揮棒速度 3.發展腿部直線、弧線跑速和各方向的移動能力 4.透過軟式棒壘球拓展比賽遊戲、戰術配合逐步提高，身心素質逐漸增強 5.總要求：在快樂遊玩和拓展比賽遊戲中知道發展跑、投、擊、判斷、靈敏、協調和智力發育的重要性。提高身心素質、身體機能，抵抗疾病能力逐步提高	1.透過組合手段逐步掌握傳球手法、步法的要領 2.基本掌握接各種球的手法、步法技術要領 3.擊球的基本技術掌握較好 4.逐步掌握跑各壘的正確方法和安打P形跑法 5.總要求：能組合運用各種手段掌握攻防技術要領和簡易攻防戰術配合，能應用規則、技戰術進行簡易的競賽遊戲活動	1.對軟式棒壘球運動感到樂趣、欣慰，願意接受和配合軟式棒壘球活動 2.接受團隊小組合作精神和展現個人潛能 3.認可軟式棒壘球進取向上精神和對發展素質有好處 4.總要求：能運用基本規則、簡單策略進行公平競賽和爭取勝利。對團隊合作、個人責任、進取精神和健康觀念等進一步強化
二	三	基本理論知識（室內） 初級傳接球技術	1.透過一定難度方法發展球性、球棒握感、中球感和視覺空間判斷能力。	1.能運用晉級組合手段掌握傳接球、擊球、跑壘等動作要領，並能按照圖片、示範、視	1.對軟式棒壘球項目鍛鍊功能、規則、知識有興趣、有好感和能欣賞軟式棒壘球的美。

（續表）

水準	年級	內　　容	目　　標		
			身體素質	技術技能	社會適應
二	三	防守基本位置技術 　擊球基本技術 　跑壘基本技術 　攻防基本戰術配合 　初級競賽規則 　初級熱身鍛鍊方法 　素質拓展遊戲 　教學比賽 　參與全校軟式棒壘球聯賽 　校外賽事交流活動	2.發展傳接球、擊球時眼手協調配合能力。能理解傳球揮臂速度、接球點和接球時瞬間緩衝的重要性。知道揮棒正確的軌跡、擊球點和轉髖轉腰重要性。基本做到思想集中、眼睛始終盯球。 3.透過由淺入深的練習方法發展腿部跑速和左右、前後移動能力。 4.提高局部和全身協調、反應、靈敏、判斷能力。 5.知道身體主要部位名稱，能理解發展身體素質（如步頻、步幅）去感受自己身體變化。 6.總要求：在快樂遊玩和素質拓展比賽遊戲中進一步發展跑、投、擊、反應、判斷、靈敏、協調等基本素質和提高身體機能。知	頻等做正確動作練習。 2.較好地掌握防守位置技術、拋球、雙殺、選殺等。進攻戰術配合意識較強。 3.運用遊戲規則的比賽能力增強。 4.總要求：能理解防守、進攻基本技戰術要領、概念、定義和原理，有一定戰術素養。能運用規則進行較高水準的競賽。	2.對團隊、小組合作和挑戰自我感興趣、欣慰。 3.理解軟式棒壘球進取向上、互幫互助精神等。 4.總要求：對軟式棒壘球團隊合作、進取向上精神和個人展現，以及軟式棒壘球的樂趣產生好感，會欣賞軟式棒壘球魅力。有一定的勇敢頑強品質和思考力。

（續表）

水準	年級	內　　容	目　　標		
			身體素質	技術技能	社會適應
三			道身體正確的姿勢。抵抗疾病能力較好。		
二	四	基本理論知識（室內） 初級傳接球技術 防守基本位置技術 擊球基本技術 跑壘基本技術 攻防簡單戰術配合 初級競賽規則 初級熱身鍛鍊方法 素質拓展遊戲教學比賽 參與全校棒壘聯賽 校外賽事交流活動	1.透過較複雜的組合手段發展球性三感（球感、手感、空間感） 2.運用組合方法提高傳接球、擊球眼手配合的協調能力。養成思想集中、眼睛始終盯球的好習慣。 3.透過一定難度和多種手段發展揮臂速度、揮棒速度和跑壘速度。全身協調用力順序較合理。 4.透過軟式棒壘球拓展比賽遊戲，提高身心素質。 5.總要求：在快樂遊玩、教學過程和拓展比賽中發展跑、投、擊、判斷、靈敏、協調和智力等素質。專項體能與技能、戰術同步提高。在較高水準競	1.能運用較複雜的手段掌握傳接球、擊球、跑壘等基本技術要領。理解傳球出手的穩定性，各種接球手法、步法的要點，擊球準確性、擊球點與推打拉打和跑壘踩壘技術的合理運用。對技術穩定性和重心移動與平衡感理解較深入，並能按照掛圖、示範、視頻等做正確的動作練習。知道自我糾正錯誤技術的手段。 2.能理解較高級的防守技術、位置技戰術配合運用（如雙殺、選殺），進攻技戰術意識（如擊方向球）。 3.較熟練地掌握局部與全場防守戰	1.從對軟式棒壘球好奇、喜歡到積極主動地參與運動鍛鍊，學習的過程較快、較穩定。審美觀較好。 2.喜歡參與團隊小組合作和主動挑戰自我。 3.理解軟式棒壘球運動特點、鍛鍊的好處。有進取向上、奉獻精神和互幫互助的品德。 4.總要求：主動參與軟式棒壘球團隊合作，喜歡軟式棒壘球的進取精神和挑戰個人潛能。軟式棒壘球活動鍛鍊主動性更強，意志力和思考力增強，團結拼搏精神體現較好。

（續表）

水準	年級	內　　容	目　　標		
			身體素質	技術技能	社會適應
二	四		賽中能體現專項素質作用。身心素質、身體機能和抵抗疾病能力有較明顯提高。	術配合等。 　4.能運用競賽遊戲規則較準確地完成全場比賽，處理較複雜的局面。 　5.總要求：能組合各種練習提高基本技術技能。戰術素養進一步提高。能運用規則、較高水準技戰術完成較複雜的比賽和解決問題	
三	五	基本理論知識（室內） 　傳接球技術（中級） 　防守基本位置技術 　擊球基本技術 　跑壘基本技術 　攻防簡單戰術配合 　基本競賽規則 　裁判手勢、口令 　簡易記錄法（教輔） 　熱身鍛鍊基本方法	1.透過多種較複雜的手段發展球性三感（球感、手感、空間感）。 　2.運用較複雜的組合方法提高傳接球、擊球時眼手配合的協調能力。養成思想集中、眼睛始終盯球的習慣。 　3.透過較高難度和多種手段發展揮臂速度、揮棒速度和跑壘速度。全身協調用力順序較好。 　4.透過軟式棒壘	1.能運用較複雜的手段掌握傳接球、擊球、跑壘等基本技術要領。瞭解傳球出手點的穩定性、各種接球手法和步法要點、擊球準確性、擊球點與推打、拉打和跑壘、踩壘技術的合理運用。對技術穩定性和重心移動與平衡感理解較深入，並能按照掛圖、示範、視頻等做正確的動作練習。知道自我糾正錯誤技	1.從對軟式棒壘球好奇、喜歡到積極主動地參與運動鍛鍊，學習的過程較快、較穩定。審美觀較好。對軟式棒壘球運動鍛鍊和思考問題有自己的觀點立場。 　2.對軟式棒壘球團隊和小組合作、個人責任、挑戰潛能和進取精神有個人見解。 　3.總要求：對軟式棒壘球運動鍛鍊好處、團隊合作、

（續表）

水準	年級	內　容	目　標		
			身體素質	技術技能	社會適應
三	五	防守技術教學法 進攻技術教學法 素質拓展遊戲教學比賽 參與全校軟式棒壘球聯賽 軟式棒壘球嘉年華 校外賽事交流活動	球拓展比賽和遊戲，不斷提高身心素質。 5.掌握一些技術練習方法和體能鍛鍊方法。感受裁判員、記錄員耐心細心的工作。 6.總要求：在快樂遊玩、教學過程和拓展比賽中，不斷發展跑、投、擊、判斷、靈敏、協調和智力等素質。專項體能、技能、戰術同步提高。在較高水準的競賽中能體現專項素質的作用。身心素質、身體機能和抵抗疾病能力有較明顯提高。通過各種比賽提高意志力、抗壓能力和拼搏精神。	術的手段 2.能理解較高級的防守技術、位置技戰術配合運用（如雙殺、選殺、躲避跑壘、快慢球處理）、進攻技戰術意識（如擊方向球、多人跑壘）。 3.較熟練地掌握局部與全場防守戰術配合等。 4.能運用競賽遊戲規則較準確地完成全場比賽，處理較複雜的局面。能初步擔任司壘裁判、記錄進行競賽拓展組織活動。 5.較熟練地做完整技術，能進行簡單的分解與完整講解技術和示範動作。 6.總要求：能組合較複雜的手段提高基本技術技能。戰術素養進一步提高。能運用規則、較高水準的技戰術	展現自我、進取精神等形成一定觀點和立場。知道軟式棒壘球對人的德智體美全面發展、個性培養、人文素質等有積極的作用。

（續表）

水準	年級	內　容	目　標		
			身體素質	技術技能	社會適應
	五			完成較複雜的比賽和解決問題。戰術素養不斷提高。參加全校比賽、對外交流爭取佳績，為學校和班級爭榮譽。	
三	六	基本理論知識（室內） 傳接球技術（中級） 防守基本位置技術 擊球基本技術 跑壘基本技術 攻防簡單戰術配合 基本競賽規則 裁判員手勢、口令 簡易記錄法（教輔） 基本熱身鍛鍊方法 防守技術教學法 進攻技術教學法 素質拓展遊戲教學比賽	1.透過多種較複雜的手段發展球性三感（球感、手感、空間感）。 2.運用較複雜的組合方法提高傳接球、擊球時眼手配合的協調能力。養成思想集中、眼睛始終盯球的習慣。 3.透過較高難度和多種手段發展揮臂速度、揮棒速度和跑壘速度。全身協調用力順序較好。 4.透過軟式棒壘球拓展比賽遊戲，不斷提高身心素質。 5.掌握較複雜的技術教學法、體能鍛鍊法。體驗裁判	1.能運用較複雜的手段掌握傳接球、擊球、跑壘等基本技術要領。理解傳球出手點的穩定性、各種接球手法步法要點、擊球準確性、擊球點、推打、拉打和跑壘踩壘技術的合理運用。對技術穩定性和重心移動與平衡感理解較深入，並能按照掛圖、示範、視頻等做正確動作練習。知道自我糾正錯誤技術的手段。 2.能理解較高級的防守技術、位置技戰術配合運用（如雙殺、選殺、躲避跑壘、快慢球	1.經常自覺地參與軟式棒壘球運動，有良好的習慣和形成了較好的個性品格。 2.總要求：能將軟式棒壘球積極因素、自己的好習慣轉移到班集體，增強班集體戰鬥力和凝聚力。能主動引導學生關注和喜歡軟式棒壘球運動。使軟式棒壘球對人的德智體美全面發展、個性品格、人文素養、健康作用、終生鍛鍊習慣體現得較好，有一定的國際觀念、國際視野和創新思維。

（續表）

水準	年級	內　　容	目　　標		社會適應
			身體素質	技術技能	
		參與全校軟式棒壘球聯賽　軟式棒壘球嘉年華　校外賽事交流活動	記錄工作的承受力和耐心細心品德。　6.總要求：在快樂遊玩、教學過程和拓展比賽中，不斷發展跑、投、擊、判斷、靈敏、協調和智力開發等素質。知道弘揚奧林匹克更快、更高、更強精神。適應各種較艱難環境下所需要的體能素質、心理素養，保持更加健康體質所必需的身體機能，形成一定的民族血性特點，為下個跨年級教學達到更高綜合素質水準奠定良好基礎。	處理）、進攻技戰術意識（如擊方向球、多人跑壘）。　3.較熟練地掌握局部與全場防守戰術配合等。　4.能運用已知的多種知識、競賽遊戲規則較準確自如地完成比賽，解決較複雜的局面。能初步擔任司壘裁判員、記錄進行競賽拓展組織活動。5.較熟練地做完整技術，較準確地掌握戰術組合，具有戰術意識。能進行較複雜的分解與完整技術講解和示範動作。　6.總要求：較準確自如地做完整技術。戰術素養和專項體能較好。參加校內外比賽取得較好成績，為地區、學校和班級爭榮譽。	

(二)小學一年級上學期教學進度案例

小學一年級上學期教學進度如表8-2所示。

表8-2　水準一　小學一年級上學期教學進度（14節課）

課次	達成目標（含知識）			內容	教學活動	備註
	身體素質	技戰術	社會適應			
1	知道經常參加軟式棒壘球運動可提高身體綜合素質	瞭解軟式棒壘球運動的基本玩法。知道經常參加軟式棒壘球運動可提高多種技能。	1.學習軟式棒壘球人文歷史、特點和鍛鍊好處。打軟式棒壘球可展現時尚前衛、清新、健康和充滿活力，對日常學習、生活有利。 2.從不瞭解到知道軟式棒壘球有許多好玩的元素。 3.記住場地、服飾名稱特點。	軟式棒壘球概述	小學生大部分首次接觸軟式棒壘球知識，對新鮮事物較有興趣和好奇。教師在教室內充分利用多媒體、動漫畫、掛圖和新鮮球棒、服飾實物等多種手段簡介軟式棒壘球小知識。激發學生學習熱情，引導學生從不瞭解到知道軟式棒壘球樂趣、新鮮並維護學生好奇心和探索心理。	在電教室內授課。教師認真備課，準備好各種教材、U盤等教具實物。精神飽滿，充滿激情。建議教師穿上前衛的軟式棒壘球服授課。
2	1.體驗手指、手套與球體瞬間接觸感、手感、視覺空間判斷，即自然	1.體驗球的握法和瞭解球性、球感。 2.知道手套戴法、接	1.學生從對軟式棒壘球好奇到初步感受它的樂趣能回憶新鮮場地器	傳接球	學生首次接觸軟式棒壘球（零基礎）運動，教師重點激發學生對軟式棒壘球感到興趣和感覺好	備足一定數量的軟式棒壘球。與班主任溝通，採取課前剪指甲等

（續表）

課次	達成目標（含知識）			內容	教學活動	備註
	身體素質	技戰術	社會適應			
2	發展三感。（球感、手感、視覺感）2.感受眼手協調配合能力和眼睛始終盯球。3.在快樂遊戲中自然發展手、臂和腿部的適應性素質。	球位置、雙手接球、翻腕取球。用手套先接球和傳球手護球。注意糾正學生喜歡用傳球手接球的壞習慣。3.感受肩上屈肘、自然向前方墊（邁）一步傳球。4.原地和墊一步體會傳接「1、2、3」技術節奏。	具和技術名稱與特點。2.體驗軟式棒壘球集體列隊與熱身出聲等規矩。3.知道團隊合作和個人活動的區別。		玩，使學生快樂學習。學生要在自然、和諧、安全的環境中積極參與。先徒手練習再過渡到戴手套，養成雙手接球習慣。教師瞭解和記錄學生的原始基礎狀況，為以後的教學奠定良好基礎。	安全措施。
3	1.繼續複習和發展三感（球感、手感、視覺感）素質。2.眼手協調配合能力進一步提高。養成眼睛始終盯	1.複習和知道球的正確握法、接各種球的正確手形和傳各個方向的步法（十字法）。2.透過2人對傳練習	1.學生從感覺好玩、新鮮到逐步期待上軟式棒壘球課，在自然遊玩中進一步感受到這項運動有樂趣、氣氛好。	傳接球 下手拋球 拋球接力遊戲（四角繞圈）	教師多鼓勵、表揚學生學習表現。為複習鞏固技術，將全班學生分為若干組列隊站立，抽若干名較熟練學生做示範練習，教師巡視並糾正其不規範的動作。教	熱身前練習集體出聲，熟悉出聲節奏和方法，並養成好習慣。複習課教學建議採取示範動作、學生模仿、分組

（續表）

課次	達成目標（含知識）			內容	教學活動	備註
	身體素質	技戰術	社會適應			
3	球、思想集中的習慣。3.在快樂教學、拋球接力遊戲中發展手臂、腿部靈活素質和眼手配合的協調性。	提高2人傳接球的配合能力。3.學習下手拋球技術。4.知道傳接球「1、2、3」技術節奏要點。	2.個人與生疏集體、小組相處漸好。知道團隊和生生間協作精神的重要性。3.逐步適應軟式棒壘球集體活動、出聲等規矩。		師復述幾種動作的關鍵性要領，由學生分組練習。生生間可互相觀察模仿，提倡小組交流。教師及時指導和糾正錯誤動作。根據學生掌握的情況可增加內場位置的技術練習。	練習、讓做得好的學生示範、糾錯等。
4	1.內野各位置場員知道防守範圍和一壘手接各壘手球的方向感、距離感。2.發展內野守場員位置感和腿部移動能力。3.初步體驗握棒、持棒角度、揮棒軌跡的感覺。4.在快樂防守、擊球	1.一壘手學會接各方向來球的步法、回壘和觸壘。2.內場手知道防守位置技術的肩上傳球、下手拋球和局部回壘、補壘的運用和配合。3.感受分腿擊球轉體、向前揮棒收棒、鬆手放棒環	1.因位置練習耗時較多，故組織須迅速。培養學生服從指揮調動的習慣。2.知道小組合作和個人活動的區別。3.知道個人責任和安全意義，不妨礙他人活動意識。	內場位置技術擊球（揮空棒）	擊球教學新鮮感強，氣氛熱烈。課前教師要進行安全教育，學生持棒不得對打和干擾別人活動。培養學生要在自然、和諧、安全的環境中積極參與。教師瞭解和記錄學生的原始基礎狀況，為以後教學課奠定良好基礎。	備足一定數量的球棒、軟球。教師檢查球棒的安全性等。學生掌握一定的傳接球和擊球技術後，原則上每次課熱身後均可進行簡單的傳接球或做棒擊球的基礎練習，形成常態。

（續表）

課次	達成目標（含知識）			內容	教學活動	備註
	身體素質	技戰術	社會適應			
4	中發展手部、腿部和腰腿適應性素質。	節。 4.透過揮空棒球體驗揮棒軌跡和擊球的「1、2、3」節奏。				
5	1.知道適中握棒感和中球時擰緊棒的感覺。發展分腿屈膝、轉腰和手臂揮棒素質。 2.提高揮棒重心的穩定性、移動感和放棒位置感。 3.知道跑壘過程的方向感、距離感和發展跑速。 4.提高學生防守位置感和接傳方向感。 5.在快樂教學中發展	1.知道握棒、持棒角度、轉腰、手臂伸直時中球、重心移動等正確的基本技術。 2.知道向前揮棒後收棒、鬆手、放棒、起動跑一壘環節。 3.知道防守位置範圍、接3個方向來球傳一壘技術和回壘補壘、局部配合意識。 4.初步學會擊球、跑一壘、揮棒軌跡和擊球	1.擊球是最能展現個人能力和學生極其喜歡的技術。透過各種擊球手段培養學生挑戰心理和拓展個人潛能。 2.培養團隊、小組合作互助精神和自信心。 3.個人責任和安全意識增強。 4.在快樂好玩的遊戲中感受運動樂趣並影響到日常生活。	擊球（對網擊T座球） 跑一壘 防守傳一壘（內場站位）	擊球好玩又刺激，但技術難度較大。教師應多鼓勵表揚學生增強自信心。將全班學生分為若干組對網擊球，抽若干名較熟練的學生做示範練習，教師巡視並糾正其不規範動作。教師複述幾種動作的關鍵性要領。由學生分組練習。生生間可互相觀察模仿，提倡小組間交流。教師及時指導和糾正錯誤動作。	課前，教師要進行安全教育，學生持棒不得對打和干擾別人活動。

（續表）

課次	達成目標（含知識）			內容	教學活動	備註
	身體素質	技戰術	社會適應			
5	手腕、手臂、腿部力量和轉腰、跑速等素質和協調性及重心穩定性。	「1、2、3」節奏要點及內場手傳一壘技術等。				
6	1.繼續複習擊球放棒後上步跑一壘的方向感、距離感、節奏感、步頻和步幅。 2.透過跑一壘和跑過一壘3個方向練習，發展腿部跑速、急停、回壘和臂部擺速。 3.透過內場手接3個方向來球傳一壘，提高位置感、距離感和傳球方向感。 4.在快樂擊球、跑壘、	1.知道向前揮棒、中球臂直、收棒、鬆手、放棒、起動跑一壘等正確的技術環節。 2.具有跑一壘起動加速、途中跑、衝刺、踩一壘外側壘包、減速急停、向右轉頭看漏球、回壘及安打P形跑過一壘踩內角、急停回壘意識。 3.知道跑壘起動和加速階段要身	1.透過擊球培養學生思想集中、始終盯球的良好習慣。 2.知道跑壘是進攻得分和取勝的重要手段，培養學生的進取精神。 3.提高團隊、小組合作、互助精神和自信心。 4.展示個人能力和挑戰自我。	擊球（對網擊T座球） 跑一壘（擊T座球後跑一壘及安打跑過一壘3個方向） 雙殺練習（一、二雙殺和二壘上的雙殺步法）	本節課以複習為主，內容和耗時較多，教師要做好擊球與跑壘的技術銜接。練習過程的節奏稍快。給雙殺練習內容充裕時間。擊球跑壘的強度較大，教師要控制好運動負荷和節奏（先慢速跑再過渡到中速跑），及時瞭解學生身體狀況，預防教學事故發生。學生要跟上擊球跑壘節奏、撿棒要快，依次擊球跑壘要保持一定間距。練習過程中出現呼吸困難或身體不適時應及時報告老	學生掌握一定傳接球和擊球技術後，原則上每次課熱身後均可進行簡單的傳接球或對棒練習。完成後再進行跑壘教學。跑壘前，教師要檢查跑壘路線、壘包附近是否安全。

（續表）

課次	達成目標（含知識）			內容	教學活動	備註
	身體素質	技戰術	社會適應			
6	傳接球中發展全身的協調性和提高身體機能。	體前傾、步頻稍小。知道跑一壘步數。 4.知道雙殺的重要性和接傳步法、躲避技術的應用。				
7	1.體驗外場手接高飛球的空間感和接地球的距離感。 2.外場手知道傳各壘的方向，並有距離感。 3.內場手知道接力傳球和回壘接球距離、壘包位置。 4.具有安打球P形跑一、二壘，身體內傾的平衡感及減速急停的意識。	1.透過複習提高雙殺技術。 2.知道外場手防守範圍、接高飛球位置、手法、地滾球跪接、3步接傳等技術。 3.複習安打P形跑過一壘踩內角、急停回壘的技術。 4.提高連續進壘意識。 5.知道跑壘不要跳躍	1.發展雙殺配合協作精神和外場手耐性與意志品質。 2.知道直線跑壘和P形跑壘的區別。 3.培養學生每次課前清理小石塊、積水或除草等良好習慣，感受集體力量、個人責任和培養熱愛勞動的品德等。 4.進一步	複習雙殺練習 外場位置技術（外場傳各壘） 擊球（擊T座球，安打跑一、二、三壘）	外場範圍較大，擊球跑壘過程技術環節較多，教師儘量多留練習時間，少講解。要提醒一壘手不要用踩壘腳封住壘包，以防與跑者相撞。教師注意觀察學生身體狀況，可縮短外場傳球距離等。	跑壘前，教師要檢查外場環境、跑壘路線、壘包附近是否安全，尤其要組織學生清理小石塊和積水等。建議學生每次都穿防滑細膠釘鞋上課。

（續表）

課次	達成目標（含知識）			內容	教學活動	備註
	身體素質	技戰術	社會適應			
7	5.在快樂練習中發展跑速、空中找球、軀體協調性和提高身體機能。	或調整步子踩壘。				
8	1.培養雙殺成功的滿足感、自豪感。 2.提高外場手接高飛球的空間感和接地滾球的距離感。 3.外場手要有傳各壘正確的方向感、距離感。 4.內場手具有接力傳球或回壘接球的距離感和壘包的正確位置感。 5.發展P形跑全壘的意志力和速度耐力。	1.較熟練地掌握雙殺技術。 2.提高外場手接高飛球、地滾球跪接、3步接傳技術。 3.初步掌握全壘跑技術。 4.提高連續進壘意識。 5.強化跑壘不要跳躍或調整步子踩壘的意識。	1.發展生生間默契配合和團隊合作精神。 2.透過教學培養互幫互助、互相鼓勵，建立信任感和競爭意識。 3.體驗友誼、公平、尊重和個人責任。	複習雙殺練習 外場位置技術（外場傳各壘和接力傳三壘） 擊球（擊T座球跑二壘、三壘、本壘）	如果學生水準提高較快，教師要不斷提高業務水準，運用打教練棒技巧擊出各種球路的球，使學生熟悉各種方向的快慢球、落點球。要求學生在教師打教練棒擊中球前身體要向前移動幾步，提高預判能力和防守意識。激發學習氛圍，增強攻防意識。	練習內容耗時較多，教師組織節奏要稍快，練習內容耗時較多，教師組織節奏要稍快，不必講解過細，注重多實踐、多運用。

（續表）

課次	達成目標（含知識）			內容	教學活動	備註
	身體素質	技戰術	社會適應			
9	1.透過全場防守配合、全場攻防競賽遊戲，發展臨場實戰心理承受能力、競爭對抗能力。 2.全面發展綜合身體素質和身體技能，逐步提高健康水準。	1.透過全場防守配合、素質拓展競技遊戲，促進臨場實戰技術技能和戰術配合意識的提高。 2.重點提高接力傳三壘、封殺一壘、雙殺和跑壘得分的能力。	1.透過素質拓展競技遊戲促進體育道德建立，尤其是要公平競爭、遵守遊戲規則等。 2.發揚團隊合作、進取精神，展現自我和個人責任意識。 3.在全場防守配合、素質拓展遊戲中適應競賽壓力與氛圍。	全場防守配合（教師拋球或打教練棒） 全場攻防競賽遊戲（設擊T座球跑壘，拓展素質）	全場攻防競賽遊戲形式多樣，教師要根據學生實際水準，設計好遊戲內容和手段，掌握好難度和實用度，如擲球進攻、擊球進攻、打教練棒進攻、自拋自擊進攻、師生投球進攻和得分壘設計等，以掌握競賽過程和法為主。可增加軟式棒壘球規矩和禮節禮儀安排，豐富學生人文素養。學生盡情享受遊戲的樂趣，不必過於計較輸贏，注重團隊合作精神和增進情感。	全場攻防競賽遊戲拓展是掌握正式比賽的基礎。教師在課前務必設計好，準備工作要詳細和充分。教師要兼任裁判員。
10	1.發展跑、跳、投、擊、傳、接等身體素質。 2.提高專項體能、對抗心理能力	1.提高實戰技戰術的應用水準。 2.促進技術技能與心理素質的協調發展。	1.記住軟式棒壘球的簡易規則在比賽中的使用。 2.體育品德、智力開發和文明禮節禮	規則學習 教學比賽（素質拓展）	軟式棒壘球競賽刺激熱烈，鬥智鬥勇，充滿活力。教師要根據學生實際水準，設計好比賽遊戲規則，使學生知	教師在課前充分做好準備工作，包括與班主任溝通，瞭解學生的身體、心理狀

（續表）

課次	達成目標（含知識）			內容	教學活動	備註
	身體素質	技戰術	社會適應			
10	和臨場實戰水準。 　3.初步瞭解教學比賽遊戲過程，檢驗學生身心素質和身體機能。		儀進一步建立，尤其是公平競爭、鬥智鬥勇、遵守遊戲規則等。 　3.團隊合作、進取精神、挑戰自我意識進一步加強。 　4.提高競爭環境下的適應能力。		道一場正式軟式棒壘球比賽的簡易規則和基本過程，包括尊重裁判、尊重對手和尊重球迷。賽前、賽中和賽後要體現軟式棒壘球的人文內涵、文明高雅，如上場擊球必須向裁判員敬禮，雙方握手致敬，向場外、場內敬禮致謝，還要謝謝教師的辛勤教導等。	況，保持良好的競技狀態（包括賽前的個人安全措施），同時教師要擔任裁判員。
11	1.瞭解軟式棒壘球的鍛鍊特點，知道合理安排運動負荷。 　2.知道軟式棒壘球鍛鍊、體能練習和熱身活動對身心素質、技術、技能發展的	1.知道軟式棒壘球鍛鍊的基本練習方法。 　2.懂得技術、技能的提高需要與身體素質同步發展。 　3.懂得簡易裁判員手勢和口令。	1.複習和學習軟式棒壘球規則，回憶和理解比賽規則。 　2.知道鍛鍊前、中、後的要求和日常健康管理，養成鍛鍊的好習慣。 　3.瞭解體	規則學習 裁判手勢口令 鍛鍊方法	教師在現場簡明扼要地回憶上次比賽課出現的規則問題。學習理解新規則。教師在學生鍛鍊身體前，務必調動學生的學習熱情，要充分熱身，提高安全意識和採取保護措施，防止意外事故發生，同時控制好	課前教師要檢查器械是否安全，原則上以軟式棒壘球專項體能、戶外鍛鍊為主。條件好的學校可安排輔助器械等。

（續表）

課次	達成目標（含知識）			內容	教學活動	備註
	身體素質	技戰術	社會適應			
11	促進作用。 　3.知道裁判員的身心素質要求。		能訓練注意事項。 　4.做好身體鍛鍊的安全措施和保護。		運動負荷。鍛鍊方法和手段以簡易有效為主。學生練習時思想要高度集中，掌握好運動負荷（同一內容一般2組左右）、呼吸節奏和快慢節奏等，身體不適時應及時報告老師等。	
12	1.繼續發展跑、跳、投、擊、傳、接等能力，提高身體素質。 　2.提高專項體能、對抗心理能力和臨場實戰水準。 　3.透過教學比賽、遊戲全面檢驗學生身心素質和身體機能，提高身體健康水	1.全面提高實戰技戰術的應用水準。 　2.促進技術、技能與心理素質的協調發展。 　3.體驗擔任小裁判員的實踐過程。	1.知道軟式棒壘球規則在比賽中的應用策略。 　2.進一步建立體育品德、智力和文明禮節禮儀，尤其是公平競爭、鬥智鬥勇、遵守遊戲規則等。 　3.團隊合作、進取精神、挑戰自我意識進一	規則學習 教學比賽（素質拓展） 素質拓展（小裁判員實踐）	軟式棒壘球競賽刺激熱烈，鬥智鬥勇，充滿活力。教師要根據學生實際水準，設計好比賽遊戲規則，使學生知道一場正式軟式棒壘球比賽的基本過程，包括尊重裁判、尊重對手和尊重球迷。賽前、賽中和賽後要體現軟式棒壘球的人文內涵、文明高雅，如上場擊球必須先向裁判員敬禮，	課前教師充分做好準備工作，包括與班主任溝通、瞭解學生身體心理狀況、保持良好競技狀態，以及賽前個人安全措施等。教師要擔任主裁判和指導學生擔任司壘裁判員。

（續表）

課次	達成目標（含知識）			內容	教學活動	備註
	身體素質	技戰術	社會適應			
12	準，養成鍛鍊習慣，為貫徹教育方針打下基礎。		步加強。 4.提高競爭環境下的適應能力。		雙方握手致敬，向場外、場內敬禮致謝，還要謝謝教師辛勤教導等。學生以在比賽中的良好表現帶動班級進步，提高班級戰鬥力、凝聚力和團結協作精神。	
13	1.進一步發展跑、跳、投、擊、傳、接等一般身體素質。 2.提高專項體能、對抗心理能力和臨場實戰水準。 3.透過教學比賽、遊戲全面檢驗學生身心素質和身體機能，提高身體健康水準，養成良好的健康行為，為實現	1.全面提升實戰技戰術的應用水準。 2.促進技術、技能與心理素質的協調發展。 3.展示小裁判員的風采。	1.知道軟式棒壘球各項規則、裁判基本知識在比賽中的運用策略。 2.軟式棒壘球三大核心素養的運動技能、體育品德、健康行為和育人作用初步體現。智力水準和高雅文明行為也進一步提高。 3.為培養新國家教育方	教學比賽 素質拓展 （小裁判員風采）	軟式棒壘球競賽刺激、熱烈，鬥智鬥勇，充滿活力。教師要根據學生實際水準，設計好比賽、遊戲規則，使學生知道一場正式軟式棒壘球比賽的基本過程，包括啦啦隊加油方式。賽前、賽中和賽後要體現軟式棒壘球的人文內涵，文明高雅，如上場擊球前必須向裁判敬禮，雙方握手致敬，向場外、場內敬禮致	課前教師充分做好準備工作，包括與班主任溝通、瞭解學生身體心理狀況，保持良好的競技狀態，以及賽前個人安全措施。教師擔任主裁判。選拔學生擔任小裁判員、志願者實習。

課次	達成目標（含知識）			內容	教學活動	備註
	身體素質	技戰術	社會適應			
13	針、達到或超過國家體育鍛鍊標準打下良好基礎。		時期社會主義現代化建設者、良好公民奠定較好基礎。		謝，還要謝謝教師辛勤教導等。學生應以在比賽中的良好表現帶動班級，提高班級戰鬥力、凝聚力和團結協作精神。透過競技水準的提高，帶動校園軟式棒壘球文化建設進一步發展。	
14	1.結合考核內容重點複習身體素質關鍵內容。 2.輔導和答疑體能方面等相關內容或以專題形式進行輔導。	1.重點複習技術、技能和有關戰術等關鍵內容。 2.輔導和答疑技戰術方面等相關內容或以專題形式進行輔導。	1.以專題形式就軟式棒壘球三大素養問題進行探討，包括運動技能、體育品德、健康行為等。 2.社會適應、心理素質、團隊合作與個人責任、良好公民、挖掘個人潛能等答疑。	總複習和考核前輔導 期末總結	教師要建立學生完整檔案庫，要定期或不定期進行測驗檢查、跟蹤監控和評價，養成統計記錄習慣，不斷瞭解學生各方面的進展、進步情況和存在問題，及時改進提高。總結內容包括學生創新思維、積極回答問題、紀律考勤、表現、身體素質、技戰術水準、社會適應等進步情況。參	教師要認真做好總複習考核輔導和期末總結工作。材料客觀、準確、完整，以鼓勵表揚為主，增強學生自信心，為下階段軟式棒壘球特色課程教學打下良好基礎。瞭解軟式棒壘球活動對班級的促進作用。

（續表）

課次	達成目標（含知識）			內容	教學活動	備註
	身體素質	技戰術	社會適應			
					與素質拓展、師生配合度和建議等。 適當採取獎懲措施，形成鼓勵先進與落後趕先進等良性循環機制。	

　　注：本教學進度是以學生軟式棒壘球零基礎為起點進行編制的，也適合小學階段各年級學生軟式棒壘球零基礎的教學進度學習參考。主要區別是各年級學生的身體素質、技術、技能、社會適應、心理狀態、知識理解、情感接受程度等不同，教師編制教學進度內容時根據當地學校條件、環境、師生狀況等實際情況有所微調。如已有一定基礎，下一階段教學進度的技術和技能內容以螺旋式教學方式為主和注意衝接安排即可。軟式棒壘球教學比賽課次安排可考慮與學校年度體育活動（含全校學生軟式棒壘球秋季與冬季聯賽，每年2次校園賽事或設冬季總決賽、軟式棒壘球嘉年華、軟式棒壘球拓展活動節等，打造軟式棒壘球體育文化品牌）相結合，注意衝接和統籌考慮。

（三）小學軟式棒壘球課考核內容和評分標準案例（試行）

　　小學階段軟式棒壘球課考核的內容有6公尺×6公尺折返跑、一壘跑、全壘跑、擲遠和拋擊5個必考項目。根據學生實際情況和教學單元任務目標可自行增設選考項目，如接教練棒傳一壘、壘間傳接球、攔截轉換（對牆）、擊遠和投準等項目。成績四捨五入和計算到小數點後兩位數。

　　考核內容和評分標準以廣州鐵四小學和握山小學考核組提供的資料為參考，可根據當地學校實際情況調整考核標準。

1.6公尺×6公尺折返跑

（1）考核方法

在6公尺線兩端放汽水瓶。受測者在6公尺間折返6次。受測者用手推倒汽水瓶瞬間開始計時，第6次衝刺用手推倒汽水瓶瞬間停錶。

（2）考核規則

受測者須以最快速度往返6次，未推倒汽水瓶時成績無效。每人最多測2次，以最快時間計成績。在硬地的球場測試。

（3）評分標準

考核評分標準如表8-3-1所示。

表8-3-1　小學一、二年級學生6公尺×6公尺折返跑評分標準（單位：秒）

性別 ＼ 時間 ＼ 得分	100	95	90	85	80	75	70	65	60	55	50	40
男	12.0	12.3	12.6	12.9	13.2	13.5	13.8	14.1	14.4	14.7	15.0	15.3
女	13.0	13.3	13.6	13.9	14.2	14.5	14.8	15.1	15.4	15.7	16.0	16.3

注：以上資料來源於普通學生測試的平均值。

2.一壘跑

（1）考核方法

受測者一腳踩踏本壘板頂點，踏板腳起動開始計時，一腳踏到一壘包停錶。採用常規碼錶手動計時。

（2）考核規則

受測者在跑壘過程中須以最快的速度踩一壘，漏踏壘包時成績無效。每人最多測2次，以最快時間計成績。壘間距離12公尺。在硬地的球場測試。

（3）評分標準

評分標準如表8-3-2所示。

表8-3-2 小學一、二年級學生一壘跑評分標準（單位：秒）

性別 \ 時間 \ 得分	100	95	90	85	80	75	70	65	60	55	50	40
男	2.0	2.2	2.4	2.6	2.8	3.0	3.2	3.4	3.6	3.8	4.0	4.2
女	2.5	2.7	2.9	3.1	3.3	3.5	3.7	3.9	4.1	4.3	4.5	4.7

3. 全壘跑

（1）考核方法

受測者一腳踩踏本壘頂點起動開始按表，一腳踏到本壘停錶。每人最多測2次，以最快時間計成績。

（2）考核規則

受測者全壘跑須按逆時針方向依次跑經一、二、三壘和返回本壘，漏踏任何一個壘包和本壘板時成績均無效。壘間距離12公尺。在硬地的球場測試。

（3）評分標準

評分標準如表8-3-3所示。

表8-3-3 小學一、二年級學生全壘跑評分標準（單位：秒）

性別 \ 時間 \ 得分	100	95	90	85	80	75	70	65	60	55	50	40
男	11.0	11.5	12.0	12.5	13.0	13.5	14.0	14.5	15.0	15.5	16.0	16.5
女	13.0	13.5	14.0	14.5	15.0	15.5	16.0	16.5	17.0	17.5	18.0	18.5

4. 擲 遠

（1）考核方法

受測者將標準棒球從肩上擲出，球落在10公尺寬的範圍內有

效。受測者在5公尺範圍內可助跑3步擲遠，球出手前身體的任何部分均不得越線。以第一落點計成績。

（2）考核規則

每人最多測3次，以最遠距離計成績。受測者如從肩以下擲球、球出手前身體的任何部分已越線或球落在10公尺寬範圍外均判成績無效。使用硬式牛皮標準比賽棒球和在硬地的球場測試。

（3）評分標準

評分標準如表8-3-4所示。

表8-3-4　小學一、二年級學生棒球擲遠評分標準（單位：公尺）

性別＼時間＼得分	100	95	90	85	80	75	70	65	60	55	50	40
男	23	22	21	20	19	18	17	16	14	13	12	11
女	21	20	19	18	17	16	15	14	12	11	10	9

5. 抛 擊

（1）考核方法

2人一組，協助者在距離擊球員2～3公尺的地方將球斜抛給受測者擊球。抛出的球須經過本壘板上空，抛球軌跡最高點在受測者（擊球員）的胸部和腰部之間。球經過受測者的腰部高度時擊中球。

（2）考核規則

受測者採用標準的全揮擊方式擊球。每人揮擊10個球為一組。擊出的球須落在界內有效地區。每人最多擊2組，以每組擊中球的最多數量計成績。使用標準PU球棒（長度27英寸）和PU軟式棒壘球（周長11英寸，重量90克）進行測試。

（3）評分標準

評分標準如表8-3-5所示。

表8-3-5 小學一、二年級學生拋擊評分標準（單位：個）

性別 \ 時間	得分 100	95	90	80	80	60	50	40
男	10	9	8	7	6	5	4	3
女	10	9	8	7	6	5	4	3

6.接教練棒傳一壘

（1）考核方法

受測者站在游擊區域接教師用教練棒擊出的滾地球，接球後將球傳向在一壘接球的協助者。

（2）考核規則

受測者站在二、三壘線中部的游擊區域（6公尺範圍）接傳球，接球後向前移動2～3步必須將球傳出。接傳10個球為一組，每人最多測2組。接傳球（無失誤）成功一次計10分，滿分為100分。如直接漏接或接球與傳球都失誤計本次接傳球0分；接球失誤（球進手套或碰觸手套後掉在身體附近）或傳球失誤扣5分（一壘手已盡力仍無法接到球、一壘手離壘1公尺內接到球或一壘手碰觸到正常的傳球或正常接到的一彈球仍計傳球成功）。壘間距離12公尺。使用標準的PU軟式棒壘球（重量90克，周長11英寸）進行測試。教師打出的教練棒滾地球及球速儘量適中、穩定和規範。

教師對學生出現接球小失誤不要責備，要鼓勵和提高其儘快撿球傳殺的意識。

（3）**評分標準**

評分標準如表8-3-6所示。

表8-3-6　小學一、二年級學生接教練棒傳一壘評分標準（單位：個）

性別 \ 時間 \ 得分	100	90	80	70	60	50	40	30
男	10	9	8	7	6	5	4	3
女	10	9	8	7	6	5	4	3

(四)小學一年級上學期單元（模組）教學計畫目標案例

軟式棒壘球教學計畫單元目標是以某一項學習內容為中心制定的教學目標，要符合軟式棒壘球項目規律、特徵和學理。其本質是一個教學程式和階段的目標，要科學反映軟式棒壘球教學程式的學理。

本教程以制定小學一年級上學期單元（模組）教學計畫目標為案例，作為教師制定各年級學期單元計畫目標的參考。制定單元目標時，教師要考慮不同年級、原始基礎、不同區域和環境條件等，從實際出發。

單元目標要有利於反映學生不同的基礎及發展需要，形成各具特色的教學模式。同時，單元目標還要反映「全面的觀點」是圍繞本書《軟式棒壘球教程》設計的。因此單元是以軟式棒壘球運動的技術、技能為主線，但也具有其他教育效益等。總之，單元教學目標要全面。

小學一年級上學期單元模組（學生為軟式棒壘球零基礎）教學計畫目標案例如表8-4所示。

表8-4　小學一年級上學期單元（模組）教學計畫目標案例

水準	年級	課時	教材內容	單元目標		
				身體素質	技術技能	社會適應
一	一	2	傳接球	1.80%的學生對軟式棒壘球有一定球感、手感和視覺空間的判斷感。 2.80%的學生透過幾種有關手感、空間感練習手段，眼、手協調配合能力有一定提高。 3.80%的學生透過幾種步法、傳接球手段練習，腿部、手臂、肩關節靈活性有提高。	1.80%的學生初步掌握三指握球、小指和拇指托住球和正確接球位置、接球手型、雙手接球和取球的要領。養成用手套先接球習慣。注意糾正低年級學生喜歡用傳球手抓球的動作。 2.80%的學生初步做到傳球臂肩上屈肘90°、軸心腳自然向前方墊一步和伸踏腳指向接球者傳球要領。 3.80%的學生掌握徒手向前、向後、向左、向右四個方向的傳球步法，並有50%的學生在步法練習時保持屈膝（預備姿勢）和重心平穩。 4.80%的學生做到徒手接傳球「1、2、3」節奏感練習時，雙腳能形成平行四邊形。	1.從對軟式棒壘球好奇到認可好玩，能記憶和接受軟式棒壘球傳接球知識，知道新鮮技術、器材名稱。 2.90%的學生能按照教師指令進行軟式棒壘球熱身活動和2人對傳時集體出聲。 3.90%的學生能服從教師的對佇列活動、調動隊伍、講解示範和分組活動安排，並體驗到團隊和個人活動的區別，個人與生疏集體相處較好。 4.能對教師的語言刺激做出反應並予以配合。 5.學生基本做到不影響他人活動。

　　注：運動負荷目標預計：平均心率為120～140次/分鐘；練習密度為25%～40%；男女生使用器具一樣。教學診斷方法：觀察、提問、詢問、模仿對比、糾正等。

(五)小學一年級上學期課時教學計畫目標案例

小學一年級上學期課時教學計畫目標案例如表8-5所示。

表8-5　小學一年級上學期課時教學計畫目標案例

水準	年級	課時	教材內容	課時目標		
				身體素質	技術技能	社會適應
一	一	1	傳接球	1.80%的學生透過快速傳取球、原地與繞內場行進間自拋自接時對軟式棒壘球有球感、手感和視覺空間判斷感。教師注意提醒學生在接球瞬間的夾球感和手感。 2.透過快速傳取球、原地與繞內場行進間自拋自接練習，80%的學生眼、手配合和上下軀體有協調性。教師提醒學生行進間自拋自接時控制好2公尺左右間距和拋球節奏。	1.80%的學生做到三指握球、小指和拇指托住球下部兩側的握球要領，手指儘量貼球，虎口留出小空隙。 2.80%的學生通過快速傳取球、原地與繞內場行進間自拋自接（垂直拋球高度約2公尺）做到接球位置正確、符合雙手接球和取球的要領，並養成用手套先接球習慣。注意糾正低年級學生喜歡用傳球手抓球的動作。 3.80%的學生能按教師指向目標做到接球手型（接上、下、左、右方向球）正確。 4.2人對傳練習時，70%的學生初步做到傳球臂肩上屈肘90°、軸心腳自然向前方墊一步和伸踏腳指向接球者的傳球要領。	1.大部分學生對軟式棒壘球從好奇到認可好玩。80%的學生能記憶和接受軟式棒壘球傳接球動作要領，知道新鮮技術、器材名稱。 2.80%以上的學生能按照教師指令進行軟式棒壘球熱身活動和2人對傳時集體出聲。 3.在原地和行進間自拋自接等教學過程中，80%以上的學生能服從教師的指令性要求和注意安全（如不能用球對扔等）。 4.80%以上的學生知道「傳」與「推」和「墊步」與「滑步」有區別。 5.80%以上的學生體驗到團隊與個人活動的區別和盡力做到不影響他人活動。

三、基本教案案例

小學一年級第一學期軟式棒壘球教案：14週共14次課教案

年級和學期：一年級第一學期　上課日期：2017年　月　日（　　）授課教師：

班級		第一週	場地器材	場地器材：多媒體課室。軟球、軟棒、手套教具。
人數	男	第1次課	教材	教材：軟式棒壘球教材、掛圖、動畫內容U盤、備課本等。
	女		其他	其他：教師穿上新潮軟式棒壘球服飾授課，展示時尚美。
教材內容	軟式棒壘球運動概述		教學目標	1.學習軟式棒壘球運動人文歷史、特點、基本玩法和鍛鍊好處。 2.記住軟式棒壘球場各位置距離、場地器材名稱和專用服特徵。
重點難點	重點：軟式棒壘球運動鍛鍊好處、禮節禮儀、特點。展示軟式棒壘球魅力，突出軟式棒壘球形象美。 難點：理解軟式棒壘球運動的基本玩法。			

教學過程	教學主要內容	教學組織與方法		練習(次·分)	
		教師教法	學生學法	次數	時間
準備部分	一、課堂常規 1.報告人數。 2.上課，師生問好。 3.宣佈本課主要內容。 4.安排見習生，檢查服裝。	一、上課鈴響，教師走進教室環視四周，發出「上課」口令和說「同學們好」。 二、宣佈課的內容與要求。 三、教師穿時尚專用服飾上課，展現形象美儀態好，精神飽滿。	一、預備鈴響，學生在課室內候課，安靜等待老師上課。 二、上課鈴響，班長喊「起立」，向老師行注目禮，齊答「老師好」和行鞠躬禮。		5
基本部分	二、軟式棒壘球運動概述 1.棒球起源、發展。 2.運動特點、玩法。 3.鍛鍊好處、禮節禮儀。 4.軟式棒壘球場特點、各位置距離和場地器材名稱。棒壘球服飾特徵。	四、教師通過圖文並茂的掛圖、動畫、教具等講解軟式棒壘球運動基本知識。講解內容簡明扼要，授課聲音響亮，充滿激情，感染力好。以適當幽默和肢體語言，調動學習氣氛，拉近師生距離和多互動交流。 五、鼓勵學生多提問和觀察。 六、教師可介紹豐富多彩的軟式棒壘球網站、遊戲漫畫，鼓勵學生業餘時間多欣賞、多觀察思考，為下次課打下基礎。	三、認真聆聽老師介紹本課內容。學生透過對軟式棒壘球的新鮮感、好奇心、探究討論和互動交流，促進師生、生生間合作，逐漸適應陌生集體和舒緩心理壓力。 四、學生透過積極參與、提問和回答環節或湧躍回答老師提問，感覺新環境有安全感、師生間氛圍友善。 五、學生認真聽老師講解和做筆記，開動腦筋，大膽質疑，激發思維。		35
結束部分	三、小結本次課。 四、佈置課外作業。 五、強調課堂常規和要求。 六、下課，師生道別	七、教師對課堂紀律表現和互動交流、討論等環節進行講評。 八、表揚突出學生。鼓勵學生主動發言，大膽質疑，激發創新思維。提示下次課要求。 九、下課鈴響，教師宣佈下課和「同學們再見」。	六、學生反思本課內容，認真聽取同伴、班長、教師評價。 七、學生對軟式棒壘球要保持良好的好奇心和探索心理。 八、下課鈴響，聽班長口令「起立」，齊答「×老師再見」和互致敬禮。		5
課外作業	1.軟式棒壘球運動有哪些鍛鍊好處（至少舉例6項）。 2.你在軟式棒壘球網站搜索有趣的資訊，寫一篇感想或畫圖說明（字數、形式不限）。下次課按時交給任課老師。				

年級和學期：一年級第一學期　上課日期：2017年　月　日（　）授課教師：

班級		第二週	場地器材	場地器材：運動場。軟球100個，手套每人1個，壘包1套。			
人數	男	第2次課	教材	教材：軟式棒壘球教材、備課本等。			
	女		其他	其他：教師穿上軟式棒壘球服飾授課。			
教材內容		傳接球	教學目標	1.體驗傳接球的球性和眼手配合，知道傳接球的基本技術。 2.在軟式棒壘球快樂學習中感受集體合作和個人區別，培養自信心。			
重點難點		重點：體驗球性三感（球感、手感、空間感）和眼手協調配合；知道戴手套與握球方法和接四個方向球的手型；學習肩上傳球和接球的手法步法與記住「1、2、3」傳接球技術節奏。 難點：雙手接球習慣；肩上屈肘向前墊步傳球和接傳球「1、2、3」技術節奏的協調性。					

教學過程	教學主要內容	教學組織與方法		練習(次,分)	
		教師教法	學生學法	次數	時間
準備部分	一、課堂常規 1.列隊報告人數。 2.上課，師生問好。 3.宣佈本次課內容。 4.安排見習生。 5.檢查器材服裝。 6.常規熱身活動。	一、組織：四列橫隊。教師穿上時尚專用服飾；精神飽滿，教態好；語言表達清晰。 二、宣佈課的內容與要求。 三、常規熱身活動：慢跑出聲和從頭到腳的關節與肌肉韌帶拉伸活動。傳接球熱身。	一、學生四列橫隊站立。 二、報告人數。 三、認真聆聽老師介紹本課內容和要求。		5
基本部分	二、戴手套和握球法。 三、球性練習。 四、肩上傳球按「1、2、3」節奏練習。 五、接球手型練習。	四、教師集中講解示範動作要領後再練習。教師巡查，個別輔導和糾正。重點內容如下： 1.球性練習：四列橫隊間隔2公尺原地向上拋球約2公尺高自拋自接，然後2人一組對拋接如下圖，可變換行進間拋接。 2.肩上傳球按「1、2、3」節奏練習：四列橫隊間隔2公尺。教師按「1、2、3」口令，學生依次做出1接球、2向前墊步分手、3傳球出手隨擺。	四、記住老師講解示範要領。 五、按老師對隊形、練習內容的要求迅速完成。多體會球感、手感和空間感。 六、使用手套練習。2人一組對拋接時，1人協助用下手或上手拋小飛球，另外1人以接球為主。練習10次後交換。如有掉球要迅速撿起。可增加體驗手型動作並多練習。 七、生生間多觀察、多交流互動。大膽向老師質疑問難並主動回答老師的提問。	20 10	33
結束部分	六、放鬆活動。 七、小結本次課情況。 八、強調課堂常規和要求。 九、下課，師生道別。	五、常規放鬆：從頭到腳。 六、教師對課堂紀律、學生表現、團隊合作、個人責任、互動交流討論等環節進行講評。 七、表揚突出學生。鼓勵學生積極回答提問，養成大膽質疑習慣，激發創新思維。 八、提示下次課的要求。	八、學生積極回憶、反思本次課老師講解示範的主要內容，並主動回饋感受。 九、學生對軟式棒壘球保持良好的好奇心和探索心理。 十、保持本班級集體、生生間的團結友善心理。		5
課外作業	課外實踐：利用業餘時間進行肩上傳球「1、2、3」節奏練習20次×5組。下次課抽查。				

年級和學期：一年級第一學期　上課日期：2017年　月　日（　）授課教師：

班級		第三週	場地器材	場地器材：運動場。軟球100個，手套每人1個，壘包1套。
人數	男	第3次課	教材	教材：軟式棒壘球教材、備課本等。
	女		其他	其他：教師穿上軟式棒壘球服飾授課。
教材內容		傳接球下手拋球	教學目標	1.複習傳接球的球性和眼手配合，回憶知道的傳接球正確技術。 2.在快樂學習中體驗到團隊合作精神，自信心逐步增強。
重點難點		重點：複習球性三感（球感、手感、空間感）和眼手協調配合；回憶戴手套與握球的正確方法和接四個方向球的正確手型；發展肩上傳球和接球手法步法與提高「1、2、3」接傳節奏的協調性。 難點：雙手接球習慣；肩上屈肘向前墊步傳球和接傳「1、2、3」節奏的連貫性。

教學過程	教學主要內容	教學組織與方法		練習(次·分)	
		教師教法	學生學法	次數	時間
準備部分	一、課堂常規 1.常規列隊報告人數。 2.上課，師生問好。 3.宣佈本次課內容。 4.安排見習生。 5.檢查器材服裝。 6.常規熱身活動。	一、組織：四列橫隊。教師穿上時尚軟式棒壘球服飾；精神飽滿，教態好；語言表達清晰。 二、宣佈課的內容與要求。 三、常規熱身活動：慢跑出聲和從頭到腳的關節與肌肉韌帶拉伸活動。2人1組傳接球。	一、學生四列橫隊站立。 二、報告人數。 三、認真聆聽老師介紹本課內容和要求。		7
基本部分	二、戴手套和握球法。 三、球性練習。 四、肩上傳球按「1、2、3」節奏練習。 五、接球手型練習。	四、教師集中講解示範動作要領後開始練習。教師巡查，個別輔導和糾正。重點內容如下： 1.球性練習：四列橫隊間隔2公尺原地向上拋2公尺高自拋自接和2人一組對拋接，多觀察學生眼手配合的雙手接球。練習完進行四角拋球接力遊戲。 2.肩上傳球按「1、2、3」節奏（跪傳）：四列橫隊間隔2公尺。學生依次做出接球、2。分手、傳球出手和隨擺，如下圖： 	四、記住老師講解示範要領。 五、按老師對隊形、練習內容要求迅速完成。多體會球感、手感和空間感。 六、使用手套練習。2人一組對拋接時，1人協助用下手或上手拋小飛球，另外1人以接球為主，練習10次後交換。如有掉球要迅速撿起。可增加體驗手型動作並爭取多練習。 七、生生間多觀察、多交流互動。大膽主動向老師質疑問難並主動回答老師的提問。	15 10	32
結束部分	六、放鬆活動。 七、小結本次課情況。 八、強調課堂常規和要求。 九、下課，師生道別。	五、常規放鬆：從頭到腳拉韌帶和抖手腿、按捏手臂、使腿放鬆。 六、教師對課堂紀律、學生表現、團隊合作等環節進行講評。 七、表揚突出學生。鼓勵學生積極回答提問，養成質疑習慣。 八、提示下次課的要求。	八、學生積極回憶、反思本次課老師講解示範的主要內容，並主動回饋感受。 九、學生對軟式棒壘球保持良好的好奇心和探索心理。 十、保持本班級集體、生生間的團結友善心理。		6
課外作業		利用業餘時間進行肩上傳球「1、2、3」節奏練習20次×5組。下次課抽查。

年級和學期：一年級第一學期　上課日期：2017年　月　日（　　）授課教師：

班級		第四週	場地器材	場地器材：運動場。軟球100個，手套和棒每人1個，壘包1套。
人數	男	第4次課	教材	教材：軟式棒壘球教材、備課本等。
	女		其他	其他：教師穿上棒壘球服飾授課。

教材內容	內場位置防守技術擊球（揮空棒）	教學目標	1.知道一壘手接球步法和內場各位置防守技術與傳一壘。 2.體驗擊球的握棒和揮空棒技術，挑戰自我和進行軟式棒壘球安全教育。

重點難點	重點：一壘手接球步法和內場防守位置接三個方向球傳一壘技術。 難點：一壘手接各個方向球的步法；內場一、二壘手接球傳一壘和補壘；擊球按「1、2、3」技術節奏。

教學過程	教學主要內容	教學組織與方法		練習(次·分)	
		教師教法	學生學法	次數	時間
準備部分	一、課堂常規 1.列隊報告人數。 2.上課，師生問好。 3.宣佈本次課內容。 4.安排見習生。 5.檢查器材服裝。 6.常規熱身活動。	一、組織：四列橫隊。教師穿上時尚軟式棒壘球服飾；精神飽滿，教態好；語言表達清晰。 二、宣佈課的內容與要求。 三、常規熱身活動：慢跑出聲和從頭到腳的關節與肌肉韌帶拉伸活動。進行擊球安全教育。	一、學生成四列橫隊站立。 二、報告人數。 三、認真聆聽老師介紹本課內容和要求。		5
基本部分	二、一壘手接球步法。 三、一、二壘手接球傳一壘和補一壘。 四、游擊手接傳一壘。 五、擊球按「1、2、3」節奏練習。	四、教師集中講解和做示範動作後開始練習。教師巡查、個別輔導和糾正。重點內容如下： 1.一壘手接球步法：分四組練習，在本一壘邊線擺4個一壘包，4名協助者從三個方向將球拋給一壘手接球和踩壘（右傳右腳踩壘，下同），輪流進行。 2.一、二壘手接地滾球傳一壘和補壘：接三個方向球。一壘手跑前接球，二壘手補一壘接球或相反進行。 3.擊球按「1、2、3」節奏練習：四列橫隊間隔2公尺。學生聽教師口令做出分腿半蹲持棒、重心後移、揮棒動作。	四、記住老師講解示範要領。 五、按老師對隊形、練習內容的要求迅速完成。 六、協助者拋球給一壘手，拋球5次交換。如有掉球要迅速撿起，爭取多練習和在間隙時間複習模仿。如下圖： 七、生生間多觀察、多交流、多互動。大膽向老師質疑問難並主動回答老師的提問。 八、生生間不能持棒打鬧，學會不妨礙他人活動。	5 6 5	32
結束部分	六、放鬆活動。 七、小結本次課情況。 八、強調課堂常規和要求。 九、下課，師生道別。	五、常規放鬆：集合拉韌帶和抖手腿、按捏手臂腿使之放鬆。 六、教師對課堂紀律、學生表現、團隊合作、個人責任、互動交流、討論等環節進行講評。 七、表揚突出學生。鼓勵學生積極回答提問，養成質疑習慣。 八、提示下次課的要求。	九、學生積極回憶、反思本次課老師講解示範的主要內容，並主動回饋感受。 十、學生對軟式棒壘球保持良好的好奇心和探索精神。 十一、保持本班級集體、生生間的團結友善心理。		6
課外作業	利用業餘時間進行徒手擊球「1、2、3」節奏練習20次×5組。下次課抽查。				

年級和學期：一年級第一學期　上課日期：2017年　月　日（　）授課教師：

班級		第五週	場地器材	場地器材：運動場。軟球100個，手套和棒每人1個，T座10個。
人數	男	第5次課	教材	教材：軟式棒壘球教材、備課本等。
	女		其他	其他：教師穿上軟式棒壘球服飾授課。
教材內容	擊球（T座對網擊），跑一壘，內場防守傳1壘		教學目標	1.知道擊球向前揮棒收棒、鬆手、放棒和跑一壘技術。 2.初步掌握內場各位置防守的傳一壘技術。 3.拓展個人潛能，體驗擊球跑壘樂趣，增強自信心。安排好安全措施。
重點難點	重點：向前揮棒、收棒、鬆手、放棒和跑一壘的銜接技術。一壘手伸手接球和全腳掌踩壘距離感，一壘手接球步法和內場防守位置接三個方向球傳一壘技術。 難點：擊中球；跑壘衝刺踩壘後減速急停；一壘手接球和右腳全腳掌踩壘；二壘手補一壘意識。			

教學過程	教學主要內容	教學組織與方法		練習（次·分）	
		教師教法	學生學法	次數	時間
準備部分	一、課堂常規 1.列隊報告人數。 2.上課，師生問好。 3.宣佈課的內容。 4.安排見習生。 5.檢查器材服裝。 6.常規熱身活動。	一、組織：四列橫隊。教師穿上時尚軟式棒壘球服飾；精神飽滿，教態好；語言表達清晰。 二、宣佈課的內容與要求。 三、常規熱身活動：慢跑出聲和從頭到腳的關節與肌肉韌帶拉伸活動。進行擊球安全教育。	一、學生四列橫隊站立。 二、報告人數。 三、認真聆聽老師介紹本課內容和要求。		7
基本部分	二、對網T座擊球。 三、跑一壘。 四、內場防守傳一壘。 五、擊球「1、2、3」節奏練習。	四、教師集中講解、做示範動作後練習。教師巡查，個別輔導和糾正。重點內容如下： 1.對網T座擊球如下圖：分10組，離網2公尺，協助者放球。  2.擊球＋跑一壘＋內場手傳一壘練習：分3組。1組擊T座球後跑一壘；1組擔任一壘手；1組內場站位接球傳一壘。循環進行。注意擊球揮棒收手、鬆右手和左手扔棒左側後跑一壘，衝刺跑過一壘後減速急停。	四、記住老師講解示範的要領。 五、按老師對隊形、練習內容要求迅速完成。 六、協助者放T座球節奏儘量快，爭取多練習。間隙時間生生間多模仿對照。 七、生生間多觀察、多做交流互動。大膽主動地向老師質疑問難，並主動回答老師的提問。 八、生生間不能持棒打鬧，學會不妨礙他人活動。	5–10 2×2	32
結束部分	六、放鬆活動。 七、小結本次課。 八、強調課堂常規和要求。 九、下課，師生道別。	五、常規放鬆：集合拉韌帶和抖手腿、按捏手臂腿放鬆。 六、教師對課堂紀律、學生表現、團隊合作、個人責任、互動交流討論等環節進行講評。 七、表揚突出學生。鼓勵學生積極回答提問，養成質疑習慣。 八、提示下次課要求。	九、學生積極回憶、反思本次課老師講解示範的主要內容，並主動回饋感受。 十、學生對軟式棒壘球保持良好的好奇心和探索精神。 十一、保持本班級集體、生生間的團結友善精神。		6
課外作業	原地高抬腿跑20次×3組。徒手模仿踩一壘的練習20次×2組。下次課抽查。				

年級和學期：一年級第一學期　上課日期：2017年　月　日（　）授課教師：

班級		第六週	場地器材	場地器材：運動場。軟球100個，手套和棒每人1個，T座10個。
人數	男	第6次課	教材 其他	教材：軟式棒壘球教材、備課本等，
	女			其他：教師穿上軟式棒壘球服飾授課。

教材 內容	復習擊球(T座對網擊) 安打跑一壘 雙殺練習	教學目標	1.複習鞏固擊球向前揮棒收棒、鬆手、放棒和跑一壘技術。 2.初步掌握安打跑一壘和在二壘上的雙殺技術。 3.拓展個人潛能，體驗擊球、雙殺樂趣，增強自信心，做好安全措施。

重點 難點	重點：向前揮棒收棒、鬆手、放棒和跑一壘的銜接技術。安打跑過一壘三個方向急停回壘。 難點：安打跑一壘踩壘包內角，身體內傾轉體和雙殺躲避跑者。

教學 過程	教學主要內容	教學組織與方法		練習(次‧分)	
		教師教法	學生學法	次數	時間
準備 部分	一、課堂常規 1.列隊報告人數。 2.上課，師生問好。 3.宣佈本次課內容。 4.安排見習生。 5.檢查器材服裝。 6.常規熱身活動。	一、組織：四列橫隊。教師穿上時尚軟式棒壘球服飾；精神飽滿，教態好；語言表達清晰。 二、宣佈課的內容與要求。 三、常規熱身活動：慢跑出聲和從頭到腳的關節與肌肉韌帶拉伸活動。進行擊球安全教育。	一、學生四列橫隊站立。 二、報告人數。 三、認真聆聽老師介紹本課內容和要求。		7
基本 部分	二、對網T座擊球。 三、安打跑一壘。 四、雙殺練習。	四、教師集中講解做示範動作後開始練習。教師巡查，個別輔導和糾正。重點內容如下： 1.對網T座擊球：分10組擊球。離網2公尺，協助者放球。 2.安打P形跑過一壘三個方向，急停回一壘：分2組進行。 3.雙殺練習：在地上畫二壘標誌，分10組徒手雙殺法（三步接傳法），左腳先踩壘接球同時向前跨步或向後退一步傳一壘方向。雙殺是教學重點內容之一，務必盡快熟練掌握。雙殺後注意躲避跑者。	四、記住老師的講解和示範要領。 五、按老師對隊形、練習內容的要求迅速完成。 六、協助者放T座球節奏盡量快，爭取多練習。間隙時間生間多模仿對照。 七、生生間多觀察、多交流和互動。大膽地向老師質疑問難，主動回答老師的提問。 八、生生間不能持棒打鬧，學會不妨礙他人活動。	10 3×2 2×2	32
結束 部分	五、放鬆活動。 六、小結本次課。 七、強調課堂常規和要求。 八、下課，師生道別。	五、常規放鬆：集合拉韌帶和抖手腿、按捏手臂腿放鬆。 六、教師對課堂紀律、學生表現、團隊合作、個人責任、互動交流討論等環節進行評講。 七、表揚突出學生，鼓勵學生回答提問，養成質疑問難習慣。 八、提示下次課的要求。	九、學生積極回憶、反思本次課老師講解示範的主要內容，並主動回饋感受。 十、學生對軟式棒壘球逐步接受。 十一、保持本班級集體、生生間的團結友善。		6
課外 作業	徒手擊球「1、2、3」節奏練習20次×2組。原地快速高抬腿擺臂跑20次×2組。模仿雙殺步法10次×2組。下次課抽查。				

第七部分
課餘篇

第九章　基本記錄法

【學習提要】

教師在課餘時間輔導學生瞭解軟式棒壘球比賽時的基本記錄法中的術語、概念、定義和記錄人員職責以及上場隊員名單、記錄符號、專用縮略詞、記錄統計公式和簡易記錄方法等，可以不斷激發學生的學習興趣，適應學生學習需求，促進學生實踐能力、組織能力和創新思維能力的提高。瞭解本章內容對掌握軟式棒壘球比賽的記錄方法、技術統計、情報收集和科研工作等有積極意義。

第一節　術語、概念和定義

軟式棒壘球比賽主辦單位指派的擔任比賽記錄和技術統計工作的人員稱為記錄員。記錄員工作前需要理解以下基本的術語、概念和定義。

- **擊球次數（TIMES AT BAT）**：每個擊球員的輪擊次數中扣除不能反映其擊球技術水準的犧牲打、四壞球、投球中身或妨礙阻擋而上壘的次數。

- **得分（RUNS SCORED）**：擊球員合法地經過一壘、二壘、三壘，並安全穿越得分線的，稱為得分。

- **安打（BASE HIT）**：擊球員擊出界內球，在沒有藉助於防守員失誤或選殺的情況下安全地上壘，即為安打，到達一壘的為

一壘安打，到達二壘的為二壘安打，到達三壘的為三壘安打，觸踏所有壘位回到本壘的為全壘打。

● 壘打（THE LENGTH OF A BASE HIT）：擊球員的安打，沒有防守選殺或失誤情況下擊跑員的進壘數。一壘安打為 1 個壘打數，二壘安打為 2 個壘打數，三壘安打為 3 個壘打數。全壘打為 4 個壘打數。

● 得分打（RUNS BATTED IN）：攻方得分為擊球員進攻動作的直接結果，記擊球員一得分打。

● 殘壘（LEFT ON BASE）：指每局結束時，攻方殘留在壘上的跑壘員。

● 接殺（PUT OUTS）：守場員透過防守動作致使攻方隊員出局時，記一次接殺。

● 助殺（ASSISTS）：守場員通過傳球（接獲擊出球或同夥傳來的球後的傳球行為），使攻方隊員出局，記傳球者助殺。

● 失誤（ERRORS）：凡因防守員的錯誤，使本應出局的擊球員或跑壘員成為安全，或使跑壘員多進一個以上壘位時，記失誤。

● 選殺（FIELDER'S CHOICE）：由於防守員將前位跑壘員殺出局，造成後位跑壘員進壘或擊跑員上壘時，記後位者選殺，或者由於某種原因沒有向該進壘者做出處理時亦為選殺。

● 雙殺（DOUBLE PLAY）：指守隊合法地將攻方兩名隊員連續殺出局的行為。

● 阻擋（Obstruction）：守場員沒有持球，也不是正在處理球而阻礙跑壘員進行跑壘的行為叫作阻擋。

● 出局（Out）：因接殺、封殺、觸殺和妨礙等，裁判員判攻方失去進攻權利的稱為出局。

第二節　記錄通則

　　記錄員是由主辦單位指派和依據賽會規定的規格及項目要求對比賽整個過程進行記錄統計等的技術人員。比賽主辦單位應指派正式記錄員擔任比賽的記錄工作。記錄和統計材料應作為檔案長期保存，並做好積累技術檔案、技術史料、原始資料等的整理保存工作。本節僅簡介記錄長、記錄員的基本職責和要求。

一、記錄長的職責

　　1.比賽前，記錄長必須與裁判長依據競賽規程的有關精神，統一比賽規則（含臨場規則），並在賽前組織記錄員學習，明確分工，做好賽前一切準備工作。

　　2.記錄每場比賽成績，賽後統計和公佈技術資料、報告成績，參照有關資料配合大會競賽部門評選出優秀運動員。所有技術材料應歸檔和上交主辦單位與承辦單位保存。

　　3.記錄長於比賽結束後24小時內確定比賽中所做出的判定，確定後不得更改，除非有正當理由，並且要向主辦單位負責人請示，同意後方可更改，但任何更改均不得與記錄規則相抵觸。

二、記錄員的職責

　　1.在記錄席就座後，按秩序冊上的名單核對上場隊員姓名、號碼，填寫記錄表中所有的與比賽有關的資訊。

　　2.每局比賽開始前，記錄員要檢查攻方殘壘局面和相關記錄內容。

3. 唯一的責權就是記錄所有的判決，不得做與正式比賽規則或裁判員的判決有抵觸的記錄。如出現影響正常比賽的抗議行為、氣候變化、燈光熄滅或運動員受傷出血等情況，記錄員要及時記載當時的時間、局面、裁判員的判決等情況。

4. 比賽結束後要請雙方教練員在記錄表上簽字。

第三節　簡易記錄方法

一場比賽的記錄表就像一盤「錄影帶」。全場比賽所有細節都濃縮在兩張表格裡。目前軟式棒壘球比賽記錄方法尚無完全統一的標準和符號系統。記錄的目的在於最大限度地將比賽過程重現在記錄表上，但在創造自己的記錄符號系統之前，應該學學約定俗成的記錄符號和一些基本記錄方法，這畢竟是無數記錄員多年總結提煉出來的做法。

一、上場隊員名單

比賽雙方教練員在賽前將上場隊員的姓名、棒次、衣號、位置號以及本場可能上場的替補員姓名及其衣號填寫在上場隊員名單表上，一式四份，除本隊留一份以外，給司球裁判員、大會記錄員及對方球隊各一份。

二、記錄防守位置、編號和專用縮略詞

(一)防守隊員的位置名稱與對應的編號

防守隊員的位置名稱、對應的編號和專用縮略詞如下：

1 投手（P）　　　2 捕手（C）　　　3 一壘手（1B）

4 二壘手（2B）　　5 三壘手（3B）　　6 游擊手（SS）

7 左外野手（LF）　8 中外野手（CF）　9 右外野手（RF）

防守隊員在比賽場地內的位置名稱與對應的編號如圖9-1所示。

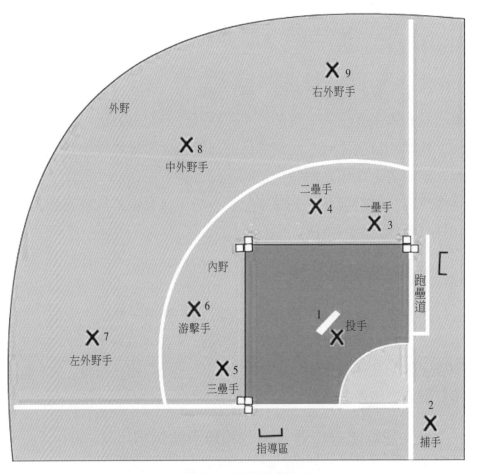

圖9-1　全場防守隊員的位置和編號示意

(二)記錄專用的縮略詞

記錄專用的縮略詞如下：

1B　Single 一壘安打

2B　Double 二壘安打

3B　Triple 三壘安打

HR　Home Run 全壘打

DP　Double Play 雙殺

DH　Designated Hitter 指定擊球員

E　　Error 失誤

FC　Fielder's Choice 防守隊員選殺

FO　Force-Out 被迫出局、封殺

INT　Interference 妨礙

K　　Strike out 三擊不中出局

PB　Passed Ball 接手漏接球

三、記錄符號

軟式棒壘球比賽記錄員需要掌握的基本記錄符號如下。

得分：●

出局：×

第三擊界外：F

違規擊球：D

擊球次序錯誤：B

失誤：E

選殺：FC

觸殺：T

夾殺：R

雙殺：DP

三殺：TP

漏踏壘：M

離壘過早：L

非法替補：IS

野傳：W

後位跑壘員超越前位跑壘員：P

阻擋：O

妨礙：I

超越5公尺線折返：N

一壘安打：H

二壘安打：2H

三壘安打：3H

全壘打： HB

四、記錄方法案例

在國際上記錄方法尚無統一規格，現簡介幾種常用的記錄方法案例供參考。

(一)軟式棒壘球比賽記錄符號運用

1.記錄表中的四方形內的說明

記錄表中的四方形內的說明如圖9-2所示。

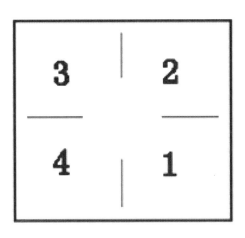

圖9-2 記錄四方形內的說明

「1」記錄本壘到一壘或擊球員出局情況。

「2」記錄一壘到二壘或跑壘員到二壘的出局情況。

「3」記錄二壘到三壘或跑壘員到三壘的出局情況。

「4」記錄三壘到本壘或跑壘員到本壘的出局情況。

2.記錄符號運用案例

（1）擊球員擊出游擊方向一壘安打球上壘（圖9-3）。

（2）擊球員全壘打得分（圖9-4）。

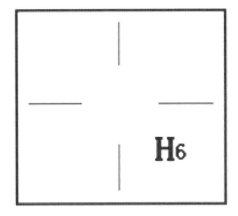

圖9-3 擊球員一壘安打上壘

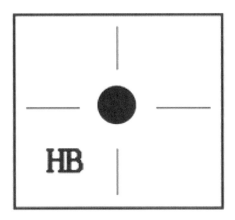

圖9-4 擊球員本壘打得分

（3）擊球員和跑壘員出局（圖9-5）。

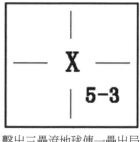

擊出三壘滾地球傳一壘出局

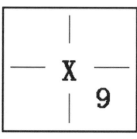

擊出右外野高飛球接殺出局

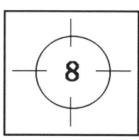

擊出中外野高飛球接殺出局

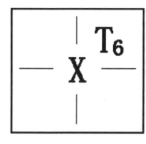

游擊手觸殺跑壘員出局

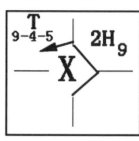

右外野二壘安打進三壘觸殺出局

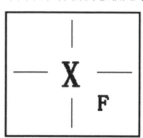

擊球員第三擊界外球出局

圖9-5　擊球員和跑壘員出局的幾種記法

（4）防守失誤和選殺上壘（圖9-6）。

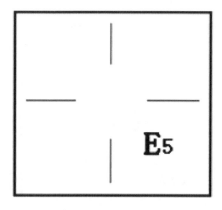

三壘手失誤上壘

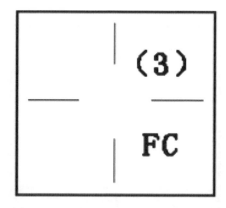

擊跑員選殺上一壘和第三棒關係進到二壘

圖9-6　防守失誤、選殺上壘和擊球員擊球關係的進壘

（5）第九棒出局，半局或一局比賽結束（圖9-7）。

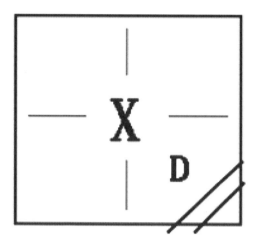

圖9-7　第九棒違規擊球出局，半局或一局
　　　　比賽結束

（二）其他棒壘球比賽記錄符號的運用（投球制）

1.記錄表中的四方形內的說明

記錄表中的四方形內的說明如圖9-8所示。

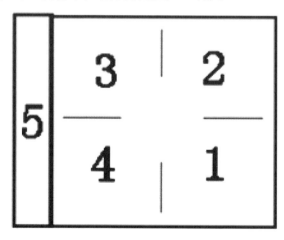

圖9-8　記錄四方形內的說明

「1」表示本壘到一壘或擊球員的出局。

「2」表示一壘到二壘或跑壘員到二壘的出局。

「3」表示二壘到三壘或跑壘員到三壘的出局。

「4」表示三壘到本壘或跑壘員到本壘的出局。

「5」表示投球和擊球。

2.記錄符號運用案例

● 一局中，前四棒的擊球、跑壘和投球記錄符合運用案例一，如圖9-9所示。

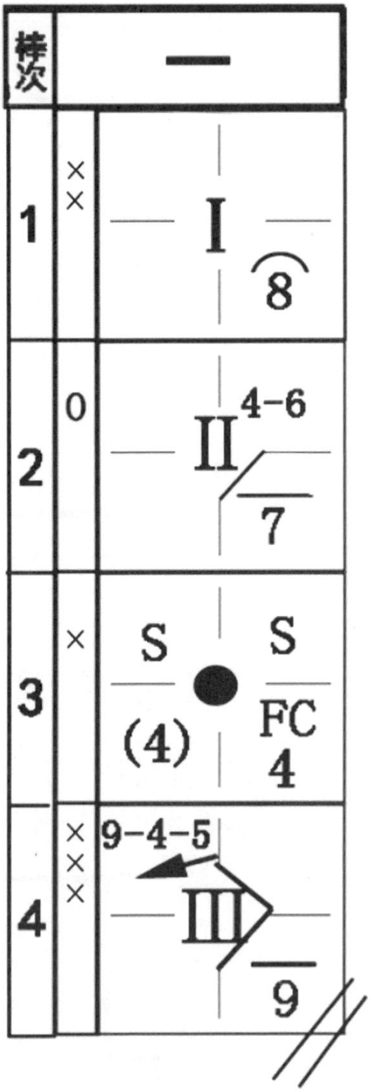

第一棒擊球員：2壞球，擊出中外野高飛球接殺出局。第1個出局。

第二棒擊球員：1擊後，擊出左外野平直球安打上壘，因第三棒擊出二壘滾地球，二壘手傳給游擊手封殺出局。第2個出局。

第三棒擊球員：1壞球，一壘有人，擊出二壘滾地球選殺上壘，偷上二壘、三壘。因第四棒安打進本壘得分。

第四棒擊球員：3壞球，擊出右外野平直球二壘安打，進三壘時被觸殺出局。第3個出局，半局或一局比賽結束。

圖9-9　前四棒的擊球、跑壘和投球記錄

● 一局中，前四棒的擊球、跑壘和投球記錄符合運用案例二，如圖9-10所示。

第一棒擊球員：2壞球，擊出中外野高飛球接殺出局。第1個出局。

第二棒擊球員：1擊後，擊出左外野平直球安打上壘，因第三棒擊出二壘滾地球，二壘手傳給游擊手封殺出局。第2個出局。

第三棒擊球員：1壞球，一壘有人，擊出二壘滾地球選殺上壘，偷上二壘。因第四棒三擊不中出局，殘壘。

第四棒擊球員：3球二擊，三擊不中出局。第3個出局，半局或一局比賽結束。

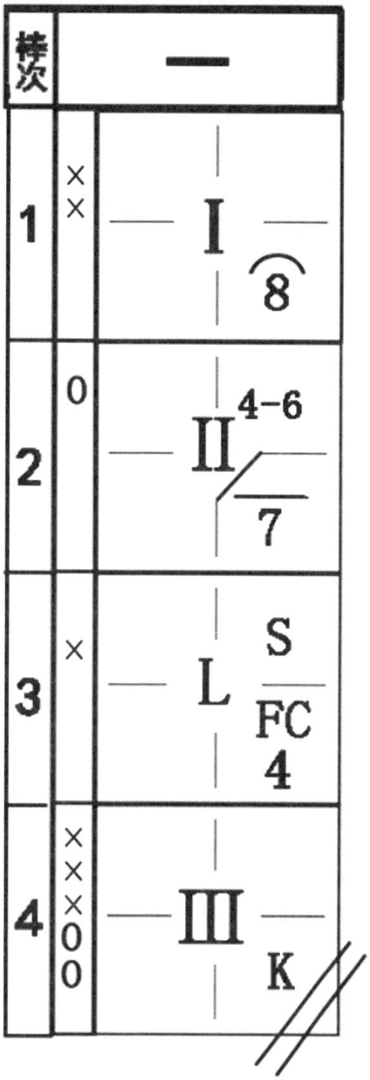

五、記錄常用計算公式

記錄常用計算公式如下：

1. 安打率（Bave）

安打數／自由擊球數，H/AB

2. 壘打率（Slave）

壘打總數／自由擊球數，（H＋2B×2＋3B×3＋HR×4）/AB

圖9-10　前四棒的擊球、跑壘和投球記錄

3.防守率（Fave）

（接殺數＋助殺數）／（接殺數＋助殺數＋失誤數），
（PO＋A）/（PO＋A＋E）

4.勝場率（Wo/Lo）

勝場數／（勝場數＋負場數），W/（W＋L）

注：

1.計算上壘率時，對於受到妨礙或阻擋而進至一壘不計算在內。

2.計算百分率時四捨五入，取小數點後3位數。

第十章　常用漢英專用術語

【學習提要】

　　教師可在課餘時間輔導學生瞭解認識軟式棒壘球的基本漢英專用術語，不斷激發學生的學習興趣，適應學生學習需求。瞭解和掌握本章內容對適應國內外軟式棒壘球競賽活動、對外交流合作和提高裁判水準等有積極意義。

第一節　場地、器材和制服

棒球場：Baseball field

壘球場：Softball field

器材：Equipment

制服（軟式棒壘球服）：Uniform

制服背號：Back number

內野（內場）：Infield

外野（外場）：Outfield

界內地區：Fair territory

界外地區：Foul territory

邊線：Foul line

壘間線：Base line

跑壘限制線：3 Foot line

跑壘限制道：3 Foot lane

投手板：Pitcher's plate

壘包：Bag

一壘：First base

二壘：Second base

三壘：Thirst base

本壘：Home plate

後檔網：Back stop

擊球員區：Batter's box

跑壘指導員區：Coacher's box

擊球員準備區：On deck circle

隊員席：Dugout

看臺：Stance

分指手套：Glove

合指手套：Mitt

一壘手套：First Glove

捕手手套：Catcher Mitt

投手手套：Pitcher Glove

內野手套：Infield Glove

外野手套：Outfield Glove

擊球手套：Batter Glove

棒球：Baseball

壘球：Softball

軟式棒壘球：Tee ball or Rubber ball

球棒：Bat

頭盔：Helmet

捕手護面：Mask

捕手護胸：Chest protector

捕手護膝：Leg guard

第二節　運動員、教練員和其他人員

運動員：Player

隊長：Captain

主教練：Head coach, Manager

教練員：Coach

領隊：Leader

投手：Pitcher

捕手：Catcher

一壘手：First baseman

二壘手：Second baseman

三壘手：Thirst baseman

游擊手：Short stop

內野手（內場手）：Infielder

外野手（外場手）：Outfielder

左外野手：Left Outfielder

中外野手：Center Outfielder

右外野手：Right Outfielder

擊球員：Batter

跑壘員：Runner

擊跑員：Batter-Runner

指定打擊：DH（Designated Hit）

代打（替代投手擊球的擊球員）：PH（Pinch Hitter）

替補隊員：Substiute

跑壘指導員：Coacher

裁判長：Chief Umpire

司球裁判員：Plate Umpire

司壘裁判員：Base Umpire

司線裁判員：Line Umpire

裁判員：Umpire

記錄長：Chief Sorer

記錄員：Sorer

第三節　綜　合

局：Inning

比賽開始：Play ball

暫停：Time

擊球員進箱擊球：Batter's up

揮擊：Swing

擊球員出局：Strike out

四壞球上壘：Base on ball（BB）

安全：Safe

出局：Out

不合法擊球：Illegal batted ball（ILB）

界內球：Fair ball

界外球：Foul ball

死球：Dead ball

活球：Live ball

高飛球（騰空球）：Fly ball

平直球：Line drive

滾地球：Ground ball

內場騰空球：Infield fly（IF）

封殺出局：Forced out

雙殺出局：Double play（DP）

全壘打：Home run（HR）

失誤：Error（E）

擊球次序：Batting order（BO）

防守位置：Fielding position（POS）

申訴：Appeal

附一：中國軟式棒壘球比賽記錄表

（來源：中國壘球協會）

軟式棒壘球記錄表

比賽日期：
場地：
先攻隊：　　　　　　　　　後攻隊：
開始時間：　　結束時間：
教練員簽名：　　　　　　　教練員簽名：

隊名　　　　　　　　　　　總分

棒次	姓名	性別	衣號	位置	一	二	三	四	五	安打	本壘打	全壘打
1												
2												
3												
4												
5												
6												
7												
8												
9												
小計												

記錄符號：(1)得分：●；(2)出局：X；(3)第三擊界外：F；(4)違規擊球：D；(5)擊球次序錯誤：B；(6)失誤：E；(7)選殺：FC；(8)觸殺：T；(9)夾殺：R；(10)又殺：DP；(11)三殺：TP；(12)漏接：M；(13)離壘過早：L；(14)非法替補：IS；(15)野傳：W；(16)後位跑壘員超越前位跑壘員：P；(17)阻擋：O；(18)妨礙：N；(20)超越5公尺線折返：I；(21)二壘安打：2H；(22)三壘安打：3H；(23)全壘打：HB

司球裁判：　　　　一壘裁判：　　　　二壘裁判：　　　　三壘裁判：　　　　記錄員：

附二：上場隊員擊球名單表

棒壘球比賽
上場隊員名單

隊名Team _____

日期Date _____　　場次Game No. _____

☐　先攻Visitor Team　　　　☐　先守Home Team

棒次 Order	位置 Position	姓名 Name	背號No.
1			
2			
3			
4			
5			
6			
7			
8			
9			

姓名 Name	背號No.	姓名 Name	背號No.

附三：104學年度教育部國小三、四、五、六年級
樂樂棒球初級版比賽規則

一、打擊和跑壘規定：〔國小3-6年級，全部採用初級版比賽規則〕

1. 正式比賽打擊採1輪制1-9棒打完不限3出局，1、3局為1至9棒，2、4局為10至18棒，共18名先發球員。

2. 下一局開始前，上一局之跑壘員需回到原殘壘之壘位。

3. 球員更換後先發不可再上場，先發棒次不可相互調動。

4. 打擊時可以試比但不可超過球，違者計好球一個。

5. 二好球後再揮空棒或擊成界外球，仍判三振出局。

6. 進攻隊衝壘須踩橘色安全壘板，守備隊踩白壘板。

7. 不可採用犧牲觸擊，違者計好球一個繼續打擊。

8. 不可滑壘，滑壘無論結果如何一律判出局。

9. 不可離壘或盜壘，跑壘員上壘後必須踩在壘板上等打擊者打到球後才可離壘前進，違者判出局。

10. 擊球進場未超過5公尺判界外球，計好球一個。

11. 甩棒結果照算不判出局但要警告再甩棒強制換人。

12. 跑壘員跑向下一個壘踩到5公尺不可折返線，就須繼續向前推進，除非該壘板已有其他跑壘員。

二、防守規定：

1. 守備1、3局由1至9號上場，2、4局由10至18號上場，換人需由預備球員中更換。

2. 投手不投球直接站在投手板上防守也要下場打擊。

3. 打擊者揮棒前，守備員不可超過投手板趨前防守。

4. 不可用觸殺，守備員一律以踩壘封殺出局，如果持球碰觸到跑壘員不判出局，比賽繼續中。

5. 內野手不再抓跑壘員，將球傳回本壘或捕手時，壘上人員須回到已佔上之壘板，等下一棒揮擊後再前進。

6. 每場比賽限暫停 2 次，單局限 1 次。

7. 守備時只用雙手接球，不可使用手套或帽子接球。

三、上壘與出局

1. 3 好球判出局，含第 3 球打界外球。

2. 守備員傳球出場外，所有跑壘員可加保送一個壘。

3. 高飛球接到後判打擊者出局，比賽停止，不可再傳殺其他壘上的跑壘員，所有跑壘員須回到原來的壘板上(可踩白色壘)，等下一棒揮擊後再前進。

四、勝負判定：

1. 正式比賽打 4 局，得分多的隊伍獲勝。

2. 若滿 3 局相差 13 分（含）以上，則裁定提前結束。

五、器材規定：〔請認明中華民國樂樂棒球協會檢定合格〕

1. 球棒 70 公分長，外包 PU 泡棉，底部有防甩底座。

2. 樂樂棒球為橘黃 PU 發泡 70 公克重 27 公分圓周。

3. 打擊座為橡膠製白色本壘板上面裝兩節可伸縮黑管。

4. 各壘 38 × 38 × 0.7 公分正方型橡膠製白橘雙併壘板。

104學年度教育部國小樂樂棒球比賽附則：

1. 每一局殘壘都須記錄，下一局開打時，前一局的殘壘都先站上去原殘壘位之後才開打。

2. 每一局的最後一棒若被封殺在一壘前，則原壘包位上之跑壘員的記錄為殘壘，得分不算。

3. 每一局的最後一棒若被封殺在二壘或三壘前，則壘包上跑回本壘的跑壘員，得分算。

4. 正式比賽打4局，若滿3局雙方相差13分（含）以上，則裁定提前結束。

5. 第4局後攻球隊，若分數已超前，裁判應立即宣布比賽結束，後面棒次不再打擊。

6. 若四局雙方平手，第4局之殘壘人數多者獲勝。例：滿壘殘壘3名勝2名殘壘1；殘壘2名勝1名殘壘。若仍相同，則比壘位多者獲勝，若仍相同，則由裁判主持猜銅板決定勝負。

7. 場上球員換人後不可再上場，代打代跑即為換人，不可再上場，防守亦同。

8. 每一局女生至少3人上場（需維持男女比例差3人），換人只可換後備球員上場。

9. 全班人數不足18人或同一性別不足6人，則可併其他班同學組隊，若無其他班，則可併低一年級學生組聯隊參賽。

參考文獻

〔1〕王祥茂，等。　廣東省「高校棒球課程內容建設和國際化發展路徑研究」教學改革課題。　GDJG20142340. 廣州：廣東省教育廳，2014。

〔2〕王祥茂，等。　廣州體育學院「我國樂樂棒球休閒體育展示的新模式研究」重大科研課題成果。　08ZD04. 廣州體育學院，2008。

〔3〕王祥茂。　現代棒球。　廣州：廣東高等教育出版社，1995。

〔4〕中國棒球協會網站。

〔5〕中國壘球協會網站。

〔6〕中國軟式棒壘球比賽規則。　北京：中國壘球協會，2014。

〔7〕百度網站。

〔8〕臺灣職業棒球雜誌。

〔9〕美國和加拿大 Tee ball 網站。

〔10〕臺灣 Tee ball 網站。

〔11〕日本 Tee ball 網站。

〔12〕王祥茂。棒球教學訓練大綱。　廣州體育學院教務處，2015。

國家圖書館出版品預行編目資料

軟式棒壘球教程 ／ 王祥茂　徐佶　陳小敏　陳文　主編
——初版，——臺北市，大展，2018〔民107.07〕
面；21公分 ——（體育教材；16）
ISBN 978－986－346－215－6（平裝；）

1.棒球　2.壘球
528.955　　　　　　　　　　　　　　　107007264

軟式棒壘球教程（樂樂棒球）

主　　編／王祥茂　徐佶　陳小敏　陳文
責任編輯／叢明禮
發 行 人／蔡森明
出 版 者／大展出版社有限公司
社　　址／台北市北投區（石牌）致遠一路2段12巷1號
電　　話／（02）28236031・28236033・28233123
傳　　眞／（02）28272069
郵政劃撥／01669551
網　　址／www.dah-jaan.com.tw
E - mail ／ service@dah-jaan.com.tw
登 記 證／局版臺業字第2171號
承 印 者／傳興印刷有限公司
裝　　訂／眾友裝訂企業公司
排 版 者／弘益電腦排版有限公司
授 權 者／北京人民體育出版社
初版1刷／2018年（民107）7月

定 價／350元

大展好書　好書大展
品嘗好書　冠群可期